KB203363

나는
대한독립을 위해
싸우는
외국인입니다

강국진(康國進)

전북 고창에서 태어나 자랐다. 중앙대학교 사학과를 졸업했다. 성균관대학교 국정전문대학원에서 〈조세담론의 구조와 변동에 관한 연구〉로 행정학 박사 학위를 받았다. 역사, 조세·재정 정책, 통일 문제, 담론 분석 등 다양한 관심사를 공부하다보니 《선을 넘어 생각한다》(공저)를 비롯해 《세금 폭탄, 부자 감세, 서민 증세》, 《천사 미국과 악마 북한》(공저), 《국제법을 알면 뉴스가 보인다》(공저) 등을 썼다. 현재 《서울신문》에서 기자로 일하고 있다.

김승훈(金勝勳)

경북 김천에서 태어나 고려대학교 국문과를 졸업했다. 대학 시절 최인호 작가의 《잃어버린 왕국》을 읽고 역사적 진실을 추적하고 파헤치는 데 관심을 가졌다. 저서로 《세상을 읽다 시사이슈11 시즌1·시즌2》(공저) 등이 있고, 번역서로 《비욘드 코로나 뉴비즈니스 생존 전략》 등이 있다. 현재 문화체육관광부 정책소통기획관으로 일하고 있다. 《서울신문》에서 사회부, 경제부, 정치부 등을 거쳤다. 기자 시절 〈외국인 폭력조직 대해부〉 등으로 이달의 기자상 5회와 한국신문상을 수상했다.

한종수(韓宗洙)

경북 영주에서 태어나 대구에서 학창 시절을 보냈고 중앙대학교 사학과를 졸업했다. 미국 워싱턴대학교 잭슨스쿨에서 한국학 석사, 중앙대학교에서 〈17세기 홍중삼의 《향약통변》 연구〉로 박사 학위를 받았다. 국가유산청 산하 국외소재문화유산재단에서 8년 동안 미국 워싱턴DC '주미대한제국공사관 복원과 개관 사업'을 전담했다. 《개항기 미국 파견 '외교관'의 활동》을 썼고, 《내일신문》에 '한미관계 141년 비사'를 연재했다. 현재 코리안헤리티지연구소 학술이사로 일하고 있다.

나는 대한독립을 위해 싸우는 외국인입니다

초판 1쇄 발행 2025년 3월 1일

지은이 강국진 김승훈 한종수 | 발행인 박윤우 | 편집 김송은 김유진 박영서 백은영 성한경 장미숙 | 마케팅 박서연 정미진 정시원 함석영 | 디자인 박아형 이세연 | 경영지원 이지영 주진호 | 발행처 부키(주) | 출판신고 2012년 9월 27일 | 주소 서울시 마포구 양화로 125 경남관광빌딩 7층 | 전화 02-325-0846 | 팩스 02-325-0841 | 이메일 webmaster@bookie.co.kr | ISBN 979-11-93528-48-8 03900

만든 사람들
편집 성한경 | 디자인 이세연

강국진 · 김승훈 · 한종수
지음

나는
대한독립을 위해
싸우는
외국인입니다

한국인보다 더 한국을 사랑한 외국인 독립투사들

부·키

우원식

국회의장

광복 80주년입니다. 식민지를 겪은 나라 중 선진국 반열에 든 유일한 나라, 오늘날의 대한민국이 있게 해준 독립운동가들의 희생과 헌신을 마음에 새깁니다.

광복을 위한 모든 노력에 정당한 평가와 합당한 예우를 하는 것은 우리의 의무입니다. 한 장면이라도 더, 한 사람이라도 더, 독립운동 역사를 발굴해내고, 기록하고, 기억하는 일은 그래서 중요합니다. 그래야 독립운동가를 빠짐없이 예우할 수 있고, 독립운동의 역사를 온전히 복원해 우리의 뿌리를 더 단단히 다질 수 있습니다.

이 책은 우리가 미처 몰랐던 외국인 독립운동가들의 이야기를 담고 있습니다. 우리가 어떤 과정을 거쳐 독립을 이뤘는지 그 역사를 훨씬 풍부하고 생생하게 이해할 수 있도록 안내합니다. 국적과 인종을 초월해 대한독립에 헌신한 외국인들의 일생은 그 자체로도 존경과 감사의 마음을 갖게 하지만, 더 나아가 우리의 항일 독립운동이 민족자결과 자주독립 국가를 위한 민족해방운동인 동시에 제국주의에 맞선 전 세계 평화 세력의 국제적 연대이기도 했다는 사실도 말해줍니다. 그런 점에서 외국인 독립운동가들을 발굴하고 기억하는 것은 대한민국이 국제사회와 함께 이뤄낸 독립의 의미를 확립하고 세계에 알리는 중요한 노력이기도 합니다.

외국인 독립운동가들의 기여와 희생에 비하면 이들을 발굴해 포상하고 공헌을 널리 알리는 데는 미진함이 많았습니다. 2024년 말 기준으로 서훈을 받은 독립유공자 1만 8162명 가운데 외국인은 76명, 0.004%에 불과합니다. 최근 많은 진척이 있었지만 아직 가야 할 길이 멉니다.

광복 80주년에 발간되는 이 책이 외국인 독립운동가에 대한 국민적 관심을 높이는 계기가 되길 바라고, 나아가 더 많은 인물의 발굴로 이어지는 촉매제가 되길 기대합니다. 국회의장이자 독립운동가의 후손으로서, 저 역시 외국인 독립운동가들의 헌신을 기억하며, 이들의 이름과 공헌이 역사에 길이 남을 수 있도록 다양한 정책적 지원 방안을 모색하는 일에 함께하겠습니다.

★ ★ ★

황현필

역사바로잡기연구소 소장

《요즘 역사: 근대》《이순신의 바다》 저자

서훈을 받은 독립유공자가 1만 8000명을 넘었다. 그러나 실제로 독립운동에 참여하신 분들은 수십 배, 백 배가 넘는다. 수많은 독립운동가가 계셨다는 사실을 알고 있지만, 그 이름 하나하나를 기억하지 못하는 것이 송구스러울 뿐이다.

사회주의 사상을 받아들였던 젊은 학생들과 청년 독립운동가들, 만주와 중국에서 총을 들고 저항했던 무장투쟁가들, 임시정부를 비롯한 수많은 독립운동 단체에서 활약한 이름 모를 독립운동가들, 3·1운동 때 목숨을 잃은 7000여 명의 독립투사들과 체포되어 투옥 생활을 했던 5만여 명의 지사들이 있었다.

우리가 그들을 기억하지 못함을 안타까워할 때, 또 다른 미안함을 더하는 책이 나왔다. 바로《나는 대한독립을 위해 싸우는 외국인입니다》이다.

식민 지배를 받은 당사자인 한국인 중에서도 일제에 타협하는 자들이 있었고, 소수의 저항하는 이들이 있었지만, 대부분은 침묵으로 일관하며 방관했다.

　그런데 일면식도 없는 식민지 조선을 위해 목숨을 걸고 독립운동을 한 외국인들이 있었다는 사실은 충격적이면서도 고마운 일이다.

　《나는 대한독립을 위해 싸우는 외국인입니다》는 1장부터 나에게 충격을 주었다.

　김원봉의 의열단을 위해 단재 신채호가 〈조선혁명선언〉을 써주었다는 것을 익히 알고 있었음에도, 그 과정에서 헝가리인 마자르가 중간 역할을 했다는 것은 알지 못했다.

　또, 9장에서 읽은 소다 가이치의 인간에 대한 사랑에 고개를 절로 숙였다. 일본인으로서 한국인 고아들을 위해 평생을 바친 소다 가이치가 같은 일본인에게 '한국인 앞잡이'라는 소리까지 들어가며 조선의 독립운동가를 위해 동분서주했다는 사실을 잘 알게 되었다.

　베델과 헐버트, 스코필드, 쑨원과 장제스 등 이름만 들어도 알 만한 외국인도 있었지만, 금시초문의 이방인들이 한국의 독립을 위해 헌신한 사실에 감사했다. 한편으로는 이런 생각이 들었다. '친일매국 세력들이 이 책을 보면 좋겠다.' 한국에서 태어나 한국의 언어와 문화 속에서 살았지만 자학사관에 빠져 우리 역사를 비하하고 독립운동가들을 폄훼하며 식민지근대화론이 맞다고 주장하는 그 한국인들이, 이방인들의 대한독립운동을 접했을 때, 마음속에 일말의 부끄러움을 느꼈으면 하는 생각이다.

　좋은 책을 써주신 저자들께 감사드린다.

★ ★ ★

심용환

심용환역사N교육연구소 소장
《1페이지 한국사 365》저자

영화 〈밀정〉을 보면 헝가리인 마자르가 의열단을 돕는 모습이 나온다. 참으로 이상했다. 왜 우리를 돕는 거지? 놀랍게도 일제강점기 독립운동사를 살펴보면 무수한 외국인들이 우리와 함께했음을 알 수 있다.

안중근·이봉창·윤봉길의 의거가 성공했을 때 가장 열광했던 이들은 중국의 민족주의 혁명가들이었다. 일본인 변호사 후세 다쓰지는 조선인 농민을 위한 토지 소송전도 불사했고 아나키스트 박열·가네코 후미코와 함께 법정 투쟁을 벌이기도 했다. 영국인 베델과 쇼가 없었다면 국채보상운동과 임시정부 초기 활동은 아마도 큰 어려움을 겪었을 것이다. 미국인 헐버트는 자국에서 왕따가 되는 수모를 겪으면서도 고종과 헤이그 특사를 도왔고, 매켄지의 노력이 없었다면 3·1운동을 탄압했던 일제에 대한 국제적 비난도 없었을 것이다.

왜 이들은 우리를 도왔을까. 우선 이들이 어떻게 우리 역사와 함께했는지를 살펴볼 필요가 있다. 그리고 이들의 진정성은 어떤 힘에서, 어떤 의식에서, 어떤 가치에서 발현되었는지를 꼼꼼히 살펴볼 필요가 있다.

한국인에게 독립운동은 당연한 것이지만, 한국인이 아님에도 불구하고 함께 분노하고, 함께 도전하고, 함께 노력했던 이들의 생각과 의식에 관심을 가질 필요가 있다. 이런 방식의 공부는 독립운동사에 대한 시야를 폭넓게 해줄 수 있으며 우리 역사를 통해 세계사를 이해하고, 민족주의를 넘어 세계시민주의를 익히는 귀한 기회가 될 수 있다. 마침 더할 나위 없이 쉽고 좋은 책이 나왔다. 모두 함께 보면서 색다르게 생각하고, 진일보한 결론에 도달해 보자!

★ ★ ★

조주현

독립유공자 이숙진 여사
양손녀

외국인 독립유공자에 대한 자료를 수집하고 출판한다는 말씀을
들었을 때 저는 큰 감동을 받았습니다.

한편 외국인이라는 이유만으로 독립유공자 훈장을 받고도 아
무런 혜택을 받지 못하는 외국인이 우리 할머니라고 생각하니 더
욱 안타까운 마음이 들었습니다. 상하이에서 우리나라 독립을 위
해 애쓰시는 청사 조성환 할아버지를 도우시며 고생하셨던 이숙
진 할머니 생각이 많이 났습니다.

어려서부터 할머니와 같은 방을 쓰면서 할머니와의 추억이
많은 나로서는 할머니 생각만 해도 코끝이 찡해 옵니다. 1964년 1
월 23일 돌아가시기 전까지는 저와 함께 계셨으니까요. 한국어는
하시지만 모든 게 낯선 한국 생활이 얼마나 어렵고 외로우셨을까
요. 그때는 어려서 잘 몰랐지만 지금 생각해보면 마음이 너무 아
픕니다. 사랑하는 가족들을 중국에 두고 할아버지와 함께 한국에
왔지만 얼마 안 되어 할아버지께서 돌아가시고 말았습니다. 그래

도 다행히 정정화 할머니와 안재홍 씨 부인께서 가까이 사셔서 서로 만나 이야기도 나누며 외로움을 달래곤 하셨습니다. 그때는 우리 할머니께서 이렇게 대단한 분인 줄 몰랐습니다.

대한민국 독립을 위해 평생을 헌신하신 이숙진 할머니의 공로가 헛되지 않도록, 또한 책을 출간하신 저자들의 수고가 많은 열매를 맺을 수 있도록 이 책을 널리 읽어주시고 알려주시기를 간곡히 부탁드립니다.

차 례

4부 국제 공론장에 대한독립 정당성을 외치다

일러두기

1 외국 인명, 지명 등은 외래어표기법에 따랐다. 이 책에서 다루는 25인의 외국인 독립운동가 중 서훈을 받은 인물의 경우 편의를 위해 국가보훈부 공훈전자사료관 독립유공자 공적 정보의 인명 표기를 병기해두었다.

2 이 책에 수록된 사진은 출처가 표시된 기관이나 단체의 사용 허가를 받았다. 출처를 알 수 없는 사진은 사후 확인 후 조치한다.

3 이 책에 실린 인용문은 해당 출처의 출판권 저작권자인 동녘, 책과함께, 깊은샘, 푸른역사, 역사비평사, 성균관대학교출판부, 사계절출판사, 우리나비, 학민사의 사용 승인을 받았다.

들어가며

　　시작은 독립기념관에서 본 안내판이었다. 2023년 11월 당시 국방부와 국가보훈부를 출입하고 있었는데, 국가보훈부가 주최하는 행사 취재를 위해 부산으로 가던 중간에 단체 관람도 하고 근처에서 점심도 먹을 겸 독립기념관에 들렀다. 일행을 인솔해 친절하게 설명해주는 해설사의 눈을 피해서, 그러면서도 아예 못 들을 정도는 아닌 거리를 유지하며 혼자 어슬렁거리는 오래된 버릇이 발동했다. 그렇게 대한민국임시정부 활동상을 소개하는 전시실을 제멋대로 둘러보다 낯선 사진과 설명에 눈길이 꽂혔다. "임시정부 요인의 피신을 도운 추푸청 가족"이라는 커다란 글씨와 함께 중국 전통 복장을 한 가족사진이 보였다. 이렇게 쓰여 있었다.

"김구는 상하이를 떠나 자싱(嘉興)에서 추푸청(褚輔成)과 그의 가족들의 도움을 받아 피신 생활을 하였다. … 김구는 추푸청의 수양아들인 천퉁성(陳桐生)의 집에 머물렀다. 일제 경찰의 압박이 심해지자 추푸청의 며느리 주자루이(朱佳蕊)의 친정인 하이옌(海鹽)에 있는 별장에서 잠시 지내기도 하였다."

추푸청 가족을 소개한 안내판 옆으로는 조지 A. 피치 목사와 그 가족을 소개하는 안내판이 있었다. 1932년 이봉창과 윤봉길 의사 의거 이후 백범 김구가 약 20일 동안 피신해 있었던 곳이 피치가 살던 집이었다. 일제 경찰에 은신처가 노출되자 피치 부부의 도움으로 상하이를 탈출한 김구가 찾아간 사람이 상하이와 항저우 사이에 위치한 자싱의 추푸청이었다.

피치는 아버지의 뒤를 이어 상하이에서 선교 활동을 하던 목사였는데, 상하이에 망명한 독립운동가들과 교류하며 많은 도움을 주었다. 추푸청은 1905년 쑨원과 함께 일본 도쿄에서 중국 동맹회를 창립하는 등 활동을 했다. 피치와 추푸청은 사실 식민지 조선과 큰 이해관계가 없었는데도 위험을 무릅쓰고 아낌없는 도움을 주었다. 그 공로를 인정해 대한민국 정부는 피치에게는 1968년, 추푸청에게는 1996년 건국훈장 독립장을 추서했다.

오랜만에 《백범일지》를 꺼내 다시 뒤져봤다. 추푸청 가족과 피치 부부가 얼마나 큰 도움을 주었는지 언급하며 고마운 마음을 표현한 대목이 새삼 눈길을 끌었다. 특히 "[피치] 부인은 자기네 자동차에 나와 부부인 양 나란히 앉고 피치 선생은 운전사가 되어 뜰에서 차를 몰고 문밖으로 나갔다"라며 조마조마했던 당시 상황을 회상하거나, 주자루이가 출산한 지 얼마 되지도 않은 몸으로 굽 높은 신발을 신고 힘겹게 산길을 올랐던 모습을 떠올리며 "우리 민족이 독립이 된다면 주씨 부인의 정성과 친절을 내 자손은 물론이요, 우리 동포가 모두 감사해야 할 것이다. 활동사진을 찍어두지 못했기 때문에 글로나마 기록하여 후세에 전하고자 이 글을 쓰는 것이다"라고 한 대목이 인상적이었다.

《백범일지》를 처음 읽었을 당시만 해도 가장 오래도록 기억에 남았던 것은 일제 경찰을 위해 일한 밀정들이나 부역자들이 김구가 중국으로 망명하고 나서야 김구와 관련한 가장 중요한 정보를 보고했다는 대목이었다. 김구는 '나라는 망했어도 민족은 살아 있다'라고 했는데, 식민지라는 거대한 모순 속에서도 최소한의 민족정신이 살아 있었다는 것이 뭔가 찡한 느낌이었다.

하지만 다시 읽어본 《백범일지》에서는 그때는 제대로 생각하지 못하고 그냥 지나쳐버린 것들이 눈에 들어오기 시작했다. 추푸청과 피치뿐 아니라 중국 상하이에 갈 수 있도록 배에 태워준 아일랜드인 조지 L. 쇼, 상하이에 도착했을 때 일본의 단속을 가볍게 무시해가며 김구를 도운 이름을 알 수 없는 영국인 선장, 윤봉길 의거에 감동해 독립운동을 도와준 장제스 중국 국민 정부 주석 등 독립운동을 도운 수많은 외국인이 있었다.

미국 언론인 님 웨일스가 김산의 일대기를 정리한 《아리랑》에 등장하는 헝가리인 마르틴 이야기도 다시 떠올랐다. 대학 시절 《아리랑》을 읽었을 때는 낭만에 죽고 낭만에 살았던 의열단원들 이야기만 오래 기억에 남았다.

"의열단원들은 스포티한 멋진 양복을 입었고, 머리를 잘 손질하였으며, 어떤 경우에도 결벽할 정도로 말쑥하게 차려입었다. 그들은 사진 찍기를 아주 좋아했는데 언제나 이번이 죽기 전에 마지막으로 찍는 것이라 생각했다. 또 그들은 프랑스 공원을 산책하기를 즐겼다."

하지만 다시 읽어보니 의열단에서 사주었다는 오토바이를 타고 드라이브를 즐기고 항상 헝가리 노래를 흥얼거리며 독립운동에 사용할 폭탄을 제조했던 "폭탄 전문가 마르틴", 그리고 어떠한 금전 보상도 마다하고 오로지 순수한 마음에서 독립운동가를 도왔고, 그 때문에 일제 경찰에 구속되는 고초까지 겪었던 "아일랜드인 샤오" 이야기를 재발견할 수 있었다.

물론 외국인 출신 독립유공자가 있다는 사실을 몰랐던 것은 아니다. 영국 출신 사업가로 《대한매일신보》를 창간한 어니스트 베델이 대표적이다. 지금도 한국프레스센터 1층에는 《대한매일신보》창간호 인쇄본이 벽에 크게 걸려 있고 그 앞에는 베델 흉상이 있다. 다만 베델 정도만 알았던지라, 외국인 출신으로 독립운동을 도운 경우는 매우 특수하고 희귀한 사례라는 생각을 부지불식간에 했다고 고백하지 않을 수 없다. 하지만 공부를 거듭할수록 독립운동이란 우리 민족과 일제의 대결이라는 좁은 틀로만 볼 일이 아니라, 정의를 추구하고 착취에 반대하는 인류 보편적인 활동이라는 사실을 제대로 느낄 수 있었다.

국가보훈부에 따르면 2024년 11월 현재 서훈을 받은 독립유공자는 1만 8162명이다. 외국 국적을 가진 사람으로 독립운동 공로를 인정받은 외국인은 모두 95명이며, 이 가운데 재외동포(중국 7명, 러시아 11명, 멕시코 1명)를 뺀 '순수' 외국인은 76명이다. 국적별로는 중국이 34명으로 가장 많고, 미국이 21명, 영국과 캐나다가 각각 6명, 호주 3명, 아일랜드 2명, 프랑스와 러시아 1명, 그리고 일반인은 생소하게 느낄 수 있겠지만 일본이 2명이다. 76명 가운데 여성은 9명(중국 4명, 호주 3명, 미국 1명, 일본 1명)이다.

외국인 독립유공자에 대한 포상은 1950년(12명) 시작되었다. 그해 3·1절에 주미한국대사관에서 호머 헐버트와 호러스 알렌 등 미국인 10명, 어니스트 베델과 프레더릭 B. 해리스 등 영국인 2명에게 건국공로훈장 태극장(현 건국훈장 독립장)을 수여했다. 이후 캐나다인 의료 선교사였던 올리버 R. 에이비슨이 1952

년 4월 건국공로훈장을 받았고, 1953년 11월에는 대만 장제스 총통이 받았다. 1963년에는 조지 L. 쇼와 조지 S. 매큔이 서훈을 받았다. 이어 1966년에는 장제스의 부인 쑹메이링 등 3명이, 1968년에는 쑨원 등 23명이 유공자로 선정되었다.

이후 광복 70주년을 맞은 2015년에 10명이 독립유공자로 선정된 정도를 빼면 대체로 외국인 독립유공자 서훈은 부정기적으로 이루어졌고 숫자도 크게 줄었다. 가장 최근 사례는 미국인 프랭크 얼 크랜스턴 윌리엄스다. 1883년 미국 콜로라도주 덴버에서 태어난 윌리엄스는 1908년 충남 공주에서 미국 감리교 선교사로 사립 영명학교를 설립한 뒤 30년 넘게 교장으로 활동했고 1943년에는 인도 델리에서 한국광복군 인면전구공작대원의 영어 학습을 지원한 공적을 인정받아 2023년 서훈을 받았다.

이렇게 관련 자료를 찾아보고 독립운동사 전공자들을 취재하면서 그전에는 전혀 느끼지 못했던 새로운 사실, 정확하게 말하면 부끄러운 사실도 알게 되었다. 김구가 자손과 동포 모두 기억하고 고마워해야 한다고 했던 주자루이, 그리고 피치 부인이 지금껏 독립유공자 서훈조차 받지 못했다. 김구를 돕고 임시정부를 도운 여러 사람 중에서 왜 남편과 시아버지만 서훈을 받고 아내와 며느리는 서훈을 받지 못했는지 고개를 갸웃하지 않을 수 없었다. 이들만이 아니었다. 조금만 찾아보면 독립운동에 이바지한 활동이 명백한데도 여전히 서훈조차 받지 못한 이들이 적지 않았다.

이처럼 독립운동을 도왔으나 서훈도 못 받은, 서훈은 받았지만 제대로 조명받지 못한 외국인을 알려야 한다는 생각을 하게 되었고, 뜻을 같이하는 이들과 의기투합했다. 그렇게 세 사람이 힘을 합쳐 그들의 이야기를 하나씩 글로 정리하기 시작했다. 1~9장은 강국진, 10~14장은 김승훈, 15~19장은 한종수가 각각 대표 집필했으며 상호 토론을 거쳐가며 원고를 다듬었다.

미국 언론인으로 3·1운동을 미국에 알리는 데 결정적인 역할을 했던 밸런타인 매클래치, 딜쿠샤의 주인이었던 앨버트 W. 테일러가 그랬고, 항일이라는 공통분모를 통해 한중 연대를 실천하며 독립운동을 도왔던 장보링이 그랬다. 일본인 중에도 이소가야 스에지, 미야케 시카노스케, 소다 가이치, 죠코 요네타로 등 독립운동 유공자로 보기에 전혀 부족하지 않은 이들이 여럿이었다. 이 책은 아직 서훈을 받지 못했지만 독립유공자로 부족하지 않은 이런 인물들을 소개하는 데 초점을 맞추었다.

아울러 기존에 서훈을 받았지만 제대로 주목받지 못한 인물들을 소개하고 재조명하고자 했다. 이숙진, 두쥔훼이, 호머 헐버트, 어니스트 베델, 프레더릭 매켄지, 더글러스 스토리, 루이 마랭, 조지 L. 쇼, 장제스, 가네코 후미코, 후세 다쓰지 등이다.

대한독립을 위해 싸운 순국선열과 기꺼이 힘을 보태준 모든 이방인 독립운동가에게 이 책을 바친다.

아울러 이 책은 기존에 역사학자들이 쓴 책과 논문에 큰 빚을 지고 있다는 것을 언급하고자 한다. 이들의 열정적인 사료 분석과 선행 연구가 없었다면 애초에 책을 쓰겠다는 엄두조차 내지 못했을 것이다. 어려운 여건 속에서도 묵묵히 역사 연구에 열정을 불태우고 있는 모든 역사학도에게 끝없는 존경과 애정을 전하고 싶다.

저자들을 대표해

강국진 씀

1장

가명으로만 남은
헝가리인 의열단원

마자르

김원봉을 찾아 헤매는
낯선 유럽 남성

모든 것은 뜬소문에서 시작되었다. 1920년대 초반 중국 베이징 뒷골목에서 시작된 뜬소문은 조금씩 조심스럽게 새어 나왔다. 소문 내용도 괴상했다. 낯선 유럽 출신 남성이 베이징 골목골목 술집을 돌아다니며 조선 사람을 찾는다고 했다. 조선 사람을 만나면 다짜고짜 "김원봉이라는 사람을 아느냐"라고 묻고 다녔다.

부산경찰서 폭탄 투척 의거와 조선총독부 폭탄 투척 의거 등 조선과 일본을 발칵 뒤집어놓은 사건을 일으켰고, 그 덕분에 일본 헌병과 경찰이 눈에 불을 켜고 찾으려고 혈안이 돼 있는 의열단(義烈團), 그 의열단을 만들고 이끄는 주축이 김원봉(金元鳳, 1898~1958)이었다. 그런 김원봉을 아느냐고 동네방네 대놓고 물어본다는 것부터가 의아한 노릇이었다. 그것도 조선 사람이거나 조선 사람 행세를 하면 일본 밀정인가보다 짐작이라도 할 텐데, 한눈에 봐도 눈에 띄는 유럽 사람이 김원봉을 찾는다고 하니 미친 사람이라고 생각하기 십상이었다. 하지만 그렇다고 하기에 그 남성은 너무나 진지하고 간절했다. 이 소문은 드디어 김원봉 귀에까지 들어가게 되었다.

김원봉은 '혹시나' 하는 마음으로 이 남성을 만나봤다. 그리고 추측이 맞았다며 기뻐했다. 사실 이 남성은 몽골에서 활동한 의사이자 독립운동가 이태준(李泰俊, 1883~1921)이 소개해주기로 약속했던 '헝가리 출신 폭탄 전문가'였다. '마자르'(마쟈르)라는 이름으로만 알려진 이 남성은 몽골 울란바토르에서 이태준의 운전기사가 되면서 독립운동과 인연을 맺었다. 세브란스의학교를 졸업한 이태준은 중국으로 망명한 뒤 몽골에 독립운동 근거지를 마련하려는 계획에 따라 몽골로 갔으며, 그곳에서 몽골의 마지막 국왕이었던 복드 칸(Bogd Khan, 1869~1924)을 치료한 덕분에 의사로서 큰 명성과 존경을 얻고 있었다.

그렇다면 마자르는 왜 몽골까지 오게 되었을까. 당시 헝가리는 1867년 오스트리아와 헝가리가 협정을 체결하면서 수립된 오스트리아-헝가리제국의 일원이었다. 자치권은 갖되 합스부르크 황제가 헝가리 왕을 겸하는 이중군주국 형태였다. 1911

년 오스트리아-헝가리제국 황태자가 세르비아에서 암살되면서 발발한 1차 세계대전에서 오스트리아-헝가리제국은 독일과 동맹을 맺고 영국, 프랑스, 러시아와 맞서 싸웠다. 당시 러시아와 벌인 전투에 파병된 헝가리 군인 수십만 명이 포로가 되어 러시아에 억류되었고, 일부는 여비가 없어 10년 넘게 시베리아와 몽골 등지를 떠돌아야 했다. 마자르 역시 이런 과정을 거쳐 몽골까지 흘러들어왔다. 마자르는 마자르인(Magyar)이라는 뜻이다. 즉 마자르라는 이름 자체가 우랄산맥 지역에서 거주하다가 중부 유럽 헝가리 평원으로 이주한 뒤 오스트리아-헝가리제국을 거쳐 오늘날 헝가리를 구성하는 핵심 민족 집단을 가리키는 말이었다.

해방이 된 뒤 소설가 박태원은 김원봉을 비롯한 의열단 출신 독립투사들에게 들은 증언을 바탕으로 1947년 《약산과 의열단》이라는 책을 펴냈다. 이 책에 따르면 김원봉은 베이징에서 이태준과 만난 자리에서 성능 좋은 폭탄을 구하는 문제로 고민이라는 이야기를 털어놓았다고 한다. 이 말을 들은 이태준은 "여비가 없어 본국으로 돌아가지 못하고 있는 불운한 처지"이지만 "폭탄 제조에는 실로 탁월한 기술을 가지고 있는 젊은 애국자"인 마자르 이야기를 꺼냈다. 그러면서 마자르가 "만약 저의 기술이 같은 약소국인 조선의 해방을 위하여 유용한 것이라 한

다면 기꺼이 약산의 일을 도울 것이라고 장담하였다"라고 말했다.(박태원,《약산과 의열단》, 129쪽)

　　김원봉이 반일 비밀결사인 의열단을 결성한 때는 1919년 11월이었다. 의열단은 조선총독부, 동양척식주식회사, 조선은행, 경성우편국 등을 대상으로 한 대규모 암살·파괴를 통해 전국적인 반일 항쟁을 벌이는 노선을 추구했다. 이런 목표에 따라 1921년에는 김익상(金益相, 1895~1941)이 국내로 잠입해 조선총독부 폭파를 시도했다. 1922년에는 일본 육군 대장 다나카 기이치(田中義一)가 상하이를 방문한다는 정보를 입수하고는 상하이 황푸탄(黄浦灘)에서 대기하고 있다가 다나카를 암살하려고 시도하기도 했다. 의열단은 독립운동의 상징이자 일제 경찰의 첫 번째 검거 대상이 되었다.

　　1919년부터 1924년까지 300건이 넘는 의열 투쟁을 벌일 때마다 가장 큰 걸림돌은 폭탄이었다. 목숨을 걸고 폭탄을 던졌는데 정작 불발탄이거나 폭발하더라도 성능이 형편없어 목표 달성에 실패하는 사례가 빈발했다. 김익상은 조선총독부에서 폭탄을 두 발 던졌는데 처음 던진 것은 불발탄이었다. 황푸탄에서도 폭탄이 제대로 터지지 않아 암살에 실패했다. 의열단에서는 성능 좋은 폭탄을 확보하기 위해 중국에 머물던 외국인들을 통해 폭탄을 제조하게 하거나 밀수를 통해 확보하는 등 다양한

1920년 봄 무렵 상하이 프랑스 조계에서 촬영한 의열단 단체 사진. 의열단원인 정이소의 서대문형무소 수형 기록 카드에 붙어 있던 사진으로 뒷줄 오른쪽부터 김원봉, 곽재기, 강세우, 김기득, 이성우. 앞줄 정이소, 오른쪽 아래는 김익상이다.

출처: 국사편찬위원회 한국사데이터베이스

방법을 시도했지만 모두 기대에 미치지 못했다. 이런 상황에서 폭탄 전문가가 합류한다면 의열단으로서는 하늘에서 내려온 동아줄이나 다름없었다.

　김원봉은 이태준이 마자르를 데리고 몽골에서 베이징으로 돌아오기만을 간절히 기다렸다. 하지만 이태준은 몽골에서 베이징으로 되돌아오던 도중 러시아 내전에서 볼셰비키 '붉은 군대'에 맞서 싸우던 백군(白軍) 소속 부대에 붙잡혀 처형당했다. 김원봉은 이 안타까운 소식을 듣고 좌절할 수밖에 없었다. 그런 와중에 베이징에 낯선 유럽 남성이 나타났다고 하니 김원봉은 긴가민가하면서도 혹시나 하는 기분이었을 것이다. 마침내 김원봉과 마자르가 만났다. 이태준과 함께 베이징으로 향하던 마자르는 이태준이 살해당하는 와중에 간신히 탈출에 성공해 베이징까지 도착했고, 약속을 지키기 위해 위험을 무릅쓰고 바닷가에서 바늘을 찾는 심정으로 김원봉을 찾아다녔다고 한다. 마자르한테서 이런 사정을 들은 김원봉이 얼마나 기뻤을지 감히 짐작도 안 된다.

영화 〈밀정〉 루비크의
실제 모델

　천신만고 끝에 베이징에서 만나 의기투합한 김원봉과 마자르는 곧바로 상하이로 이동했다. 상하이에 있는 프랑스 조계(租界)는 일본의 감시망에서 자유로워 폭탄 제조에 유리했기 때문이었다. 의열단은 상하이 프랑스 조계에 집 한 채를 구해 지하실에다 비밀 폭탄 제조소를 차렸다. 비용은 10월혁명으로 막 러시아에서 정권을 잡은 볼셰비키 정부의 원조금으로 조달했다. 비밀 시설에는 의열단 단원 이동화(李東華)와 현계옥(玄桂玉)이 머물며 마자르를 도왔다. 현계옥은 대구 기생 출신으로 독립운동에 투신했는데, 마자르의 부인 행세를 하며 일제 경찰들의 감시를 따돌렸다. 이 밖에 중국인 의사의 부인인 차오라오타이타이(曹老太太)가 폭탄 제조에 필요한 재료를 구매하는 역할을 맡았다. 그렇게 한-중-헝 세 나라 사람들의 국제 연대가 결성되었다.

마자르가 참여하면서 폭탄 제조는 엄청난 탄력이 붙었다. 마자르 손을 거쳐 새롭게 제작한 다양한 폭탄이 하루가 다르게 쌓여갔다. 이렇게 많은 폭탄이라면 일제를 상대로 한판 싸움을 벌일 수 있다는 자신감이 붙은 김원봉은 베이징으로 가서 단재 신채호(申采浩, 1880~1936)를 만났다. 김원봉은 신채호에게 두 가지를 요청했다. 하나는 상하이로 함께 가서 의열단이 제조한 폭탄 성능 시험을 참관해달라는 것이었고, 다른 하나는 의열단의 대의를 널리 알리는 선언문을 대표 집필해달라는 것이었다. 신채호는 요청을 수락했고, 함께 상하이로 향했다. 김원봉과 신채호는 작은 배를 구해서 황푸탄에서 멀리 떨어진 작은 섬으로 향했다. 아주 적은 주민들이 어업에 종사하고 좀처럼 육지와 왕래가 없는 무인도와 다를 바 없는 섬이었기에 폭탄 성능을 시험하기에 안성맞춤이었다.

당시 마자르가 제조한 폭탄은 크게 방화용, 암살용, 파괴용 세 가지였다고 한다. 방화용은 군용 수류탄처럼 투척하는 방식인데 크기나 생김새도 수류탄과 비슷했다. 마차나 자동차를 표적으로 삼아 인마 살상용으로 사용하기에 적합했다. 암살용은 갸름한 술병처럼 생겼으며 방화용과 마찬가지로 손으로 투척하는 방식이었다. 폭발하면 강철 파편 조각과 함께 황린(黃燐)이 사방으로 튀어 나가도록 설계했다. 황린이 인체에 닿으면 곧바로 발화해 뼛속까지 타들어가 결국 인 중독을 일으켜 죽도록 만들었다. 파괴용은 대형 통조림처럼 생겼고 무게가 대략 3킬로그램이나 되는 시한폭탄으로 벽돌로 된 건물을 무너뜨릴 정도로 위력이 강력했다.

성능 시험에서 폭탄의 위력을 눈으로 확인한 신채호는 의열단 투쟁의 성공 가능성을 확신하고 1개월이 넘게 집필에 몰두한 끝에 의열단의 대의를 밝히는 〈조선혁명선언〉을 1923년 1월 내놓게 된다. 〈조선혁명선언〉은 일본을 강도로 규정하고 이를 타도하기 위한 폭력 혁명은 정당한 수단이라고 천명했다. 특히

〈조선혁명선언〉이 "폭력은 우리 혁명의 유일 무기"라면서 "폭력, 암살, 파괴, 폭동으로써 강도 일본의 통치를 타도"한다고 선언한 대목은 마자르가 제조한 수많은 폭탄이 없었다면 결코 나올 수 없었을 내용이다.

충분한 규모로 폭탄을 제작했다고 판단하자 의열단은 드디어 1923년 폭탄을 국내로 몰래 옮겨 대규모 암살·파괴 작전을 벌일 계획을 세웠다. 이 폭탄을 운반하는 과정에도 마자르는 큰 역할을 했다. 마자르는 중국을 여행하는 유럽인 부잣집 도련님으로 꾸민 뒤 현계옥과 부부로 위장해 상하이에서 톈진까지 이동했다. 의열단원들은 마자르-현계옥 '부부'의 짐을 옮기는 하인들 행세를 하면서 300개가 넘는 폭탄을 옮겼다. 톈진에서는 중국 관헌들이 마자르 일행의 트렁크를 검사하겠다고 하기도 했지만 마자르는 외국인이 갖는 치외법권을 이용해 "이들은 모두 내 일행이고, 이들이 가진 짐은 다 내 소유다"라며 중국 관헌들을 물리쳐 자칫 위험할 수도 있었을 상황을 모면할 수 있었다. 영화배우 송강호와 공유가 주연한 영화 〈밀정〉(2016)에는 의열단원인 연계순(한지민 분)과 부부로 위장해 폭탄을 국내로 들여오는 작전에 참여하는 루비크(포스터 B. 버든 분)라는 유럽 출신 남성이 등장하는데 마자르의 실제 행적을 모델로 한 것이다.

안타깝게도 의열단이 계획했던 암살·파괴 계획은 밀정이

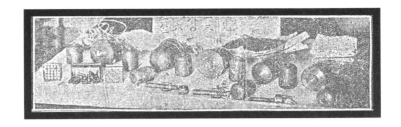

밀양 폭탄 반입 사건 때 의열단이 상하이에서 제조해 국내에 반입했다가
일제에 압수당한 폭탄과 무기.
출처: 《매일신보》, 1920년 10월 15일

일본 경찰에 밀고하는 바람에 실패했다. 1923년 3월 14일 밤 신
의주경찰서가 평안북도 신의주에서, 15일 새벽 경기도경찰부
가 서울에서 일제히 검거 작전에 나서 폭탄 36개, 폭탄 장치용
시계 6개, 권총 5자루, 실탄 155발, 뇌관 6개, 〈조선혁명선언〉과
〈조선총독부 관원에게〉라는 문서 900매를 압수했다. 폭탄을 압
수한 일본 경찰은 용산공병대 폭파작업소에서 성능 시험을 했
는데, 예상을 뛰어넘는 우수한 성능에 경악했다고 한다. 하지만
일제는 의열단이 이 폭탄을 직접 제조했으며, 그 모든 과정을 마
자르가 주도했다는 사실은 끝끝내 알아내지 못했다. 의열단 내
부 동향을 보고한 밀정조차 마자르의 존재를 인지하지 못할 정

도로 마자르와 관련한 일체 사항을 의열단이 철저히 기밀로 유지했음을 알 수 있는 대목이다.

1920년대 초 베이징과 상하이 등에서는 의열단원으로 활동했던 유럽 출신 남성에 대한 증언이 여럿 있었다. 미국 언론인 님 웨일스(Nym Wales, 1907~1997; 본명 헬렌 포스터 스노[Helen Foster Snow])가 독립운동가 김산(金山, 1905~1938; 본명 장지락[張志樂])의 삶을 정리한《아리랑(Song of Ariran)》에는 '마르틴'이라는 독일인 폭탄 제조 기술자가 등장한다. 의열단과도 긴밀한 관계를 맺고 있던 독립운동가 정화암(鄭華巖, 1896~1981) 역시 회고록《이 조국 어디로 갈 것인가: 나의 회고록》에서 비밀리에 폭탄을 만들어주던 '마챌'이라는 유대계 독일인을 언급했다. 이에 대해 양지선(대한민국임시정부기념관 학예연구관)은 마쟈르, 마르틴, 마챌이 모두 동일인을 가리키는 것으로 봐야 한다고 밝혔다. 그는 마자르를 조명한 논문에서 "마르틴과 마챌이 각각 마쟈르의 독일어와 영어식 발음으로 동일인을 가리키는 것으로 볼 수 있고, 당시 오스트리아–헝가리제국 공용어가 독일어였기 때문에 마쟈르를 독일인으로 생각했을 가능성이 높다"라면서 "활동 시기와 행적 역시 동일하다"라고 지적했다.

노래 흥얼거리고
오토바이 운전 즐기던 로맨티시스트

　　김산에 따르면 의열단원들은 언제든 죽을 수 있다고 맹세한 사람들이었다. 언제라도 목숨을 건 임무를 수행할 수 있도록 몸과 마음을 유지하는 데 힘썼다. 운동과 사격 연습, 독서를 꾸준히 했다. 하루하루 긴장 속에서 살아야 했으니 스트레스가 엄청날 수밖에 없었다. 당장 내일이라도 죽을 수 있다고 생각하는 사람들이 흔히 그렇듯이 오늘 하루는 최대한 멋지게 사는 사람들이기도 했다.

　　"의열단원들은 스포티한 멋진 양복을 입었고, 머리를 잘 손질하였으며, 어떤 경우에도 결벽할 정도로 말쑥하게 차려입었다. 그들은 사진 찍기를 아주 좋아했는데 언제나 이번이 죽기 전에 마지막으로 찍는 것이라 생각했다. 또 그들은 프랑스 공원을 산책하기를 즐겼다. 모든 조선 아가씨들은 의열단원을 동경하였으므로 수많은 연애 사건이 있었다."(님 웨일즈·김산,《아리랑》, 164~165쪽)

　　마자르 역시 여느 의열단원들의 생활 태도와 비슷했지만 사뭇 다른 면모도 있었다. 1923년에 마자르를 직접 만난 적 있다는 김산에 따르면(《아리랑》에서는 '마르틴'으로 소개) 마자르는 늘 담배

를 입에 물고 다니는 골초였고 카드놀이를 좋아하는 데다 못 말리는 애주가였다. 마자르는 한 달에 200달러를 월급으로 받았으며 그 가운데 70달러만 쓰고 돈을 모을 정도로 알뜰한 편이었는데, 막상 70달러는 대부분 브랜디나 맥주를 마시는 데 소비했다고 한다. 1920년대라는 시대 상황을 생각하면 꽤 고급 취향혹은 과소비였다고 할 수 있다. 게다가 마자르는 의열단에서 사준 오토바이를 타고 거의 날마다 프랑스 조계를 돌아다녔다고 한다. 폭탄을 제조할 때는 항상 헝가리 노래를 흥얼거리는 쾌활한 성격이었다.

《아리랑》에 따르면 1924년 의열단이 조직으로서는 사실상 해체되어 각지로 흩어지면서 마자르는 이별 선물로 1만 달러를 받아 상하이를 떠났다고 한다. 그 뒤로는 그의 행적을 알 수 있는 단서가 전혀 없다. 어디로 갔고 어떻게 살았는지 조그만 실마리조차 없이 완벽한 베일에 싸여 있다. 마자르가 그토록 열심히 돈을 저축했던 것과 연관 지어 생각해보면 아마 그는 상하이에서 배를 타고 인도양과 수에즈운하를 건너 고향인 헝가리로 돌아가지 않았을까 짐작할 뿐이다.

마자르는 식민지 조선과 아무런 연고도 없고 피 한 방울 섞이지 않은 미지의 외국인 독립운동가였다. 폭탄 전문가였고 의열단을 위해 활동했다는 것 말고는 철저히 수수께끼다. 의열단은 조직 자체가 비밀 유지를 최우선으로 하는 데다, 폭탄 제조를 총괄하는 핵심 조직원이었던 마자르의 안전을 위해서라도 그의 존재를 철저히 비밀에 부칠 수밖에 없었을 것으로 보인다. 심지어 눈에 불을 켜고 의열단을 추적하던 일본 경찰조차 의열단 폭탄 제조 총책임자가 마자르라는 사실을 끝내 알아내지 못했을 정도였다.

상하이에서 의열단과 함께한 기간은 몇 년에 불과했지만 마자르가 독립운동에 끼친 영향은 결코 작지 않았다. 특히 마자르를 도와 폭탄 제조에 참여했던 이동화의 역할이 중요했다. 의열단 단장 김원봉은 중국 국민정부(1925~1948)의 지원을 받아 1932년 10월부터 1935년 9월까지 난징(南京)에서 조선혁명군사정치간부학교를 운영했는데, 이동화는 폭탄 제조법과 폭탄 이용법, 실탄 사격 등을 가르치는 교관으로 활동했다. 이 학교 1기 졸업생에는 〈청포도〉를 쓴 유명한 시인 이육사도 있었으니, 마자르가 가르쳐준 폭탄 제조법이 이동화를 거쳐 이육사를 비롯한 젊은 독립운동가들에게 광범위하게 퍼졌던 셈이다.

생김새에 대한 유일한 단서는 김산이 남긴 증언이다. "그는 대략 40세쯤 되었는데, 움푹 파인 눈에 눈썹이 짙었으며, 키가 크고 강인하였고 태도가 방만하였지만 조선인들과 좋은 친구가 되었다."(님 웨일즈·김산, 《아리랑》, 162쪽)

우리는 《약산과 의열단》을 비롯해 《아리랑》, 한글학자이자 독립운동가 계봉우(桂奉瑀, 1880~1959)가 쓴 자서전 《꿈속의 꿈》 등을 통해 마자르의 활동상을 단편적으로 접할 수 있을 뿐이다. 마자르라는 이름 자체도 가명일 가능성이 높다. 헝가리에서 마자르는 흔한 성이자 이름으로 사용되고, 이 말 자체가 마자르인(헝가리인)을 가리키는 고유명사로 쓰이기 때문이다. 그래서 일부에서는 과연 마자르가 실존 인물이 맞는지 의문을 제기하기도 한다. 누가 알겠는가. 마자르가 혹시 신분을 감추기 위해 남자 행세를 한 남장 여성이었을지?

헝가리 국가기록원 동아시아센터장으로 일하는 김보국은 필자와 이메일 인터뷰에서 "1920년대 자료를 살펴봤지만 마자르의 실마리를 찾을 수 없었다"라면서도 "2차 세계대전 이후 헝가리 총리를 지냈던 라코시 마차시(1892~1971) 사례를 보면 개연성이 없다고 할 순 없다"라고 설명했다. 라코시 마차시(헝가리인은 한국인처럼 성+이름으로 표기한다)는 1892년생으로 1차 세계대전이 발발하자 헝가리 군대에 자원 입대했다가 러시아군에 사로잡혀 극동 지역에서 몇 년간 포로 생활을 했다. 라코시는 이때 조선에서 건너온 독립운동가들과도 교류했다고 한다. 이 인연으로 1950년 한국전쟁이 발발하자 헝가리 정부는 곧바로 의료진을 북한으로 파견하는 등 북한을 돕기 위한 다양한 활동을 했다고 한다.

김보국은 "1920년대 베이징과 상하이에는 헝가리공사관이 있었다. 이 기관에서 보유한 여권 자료 등을 확인해본다면 마자르에 대한 단서를 찾을 가능성이 있다"라고 덧붙였다. 또 한 가지는 프랑스 조계에서 집을 구할 때 마자르 명의로 했을 가능성이다. 당시 주택 매매 관련 자료를 찾을 수 있다면 마자르의 신원을 확인할 수 있는 중요한 단서를 찾을 수도 있다. 양지선은 "마쟈르는 목숨을 걸고 외국인으로서 독립운동에 크게 이바지했는데도 지금껏 제대로 된 평가를 받지 못했다. 그의 신원을 확인하기 위한 자료 조사조차 제대로 이뤄지지 않았다"라면서 "독립운동의 가치를 기리기 위해서라도 마쟈르에 대한 더 많은 연구와 조사가 필요하다"라고 강조했다.

연표

- 1914년 1차 세계대전 발발
- 1919년 김원봉 의열단 결성
- 1921년 이태준 순국. 김원봉과 마자르 만남. 상하이에서 폭탄 제조 시작
- 1923년 신채호 〈조선혁명선언〉 발표. 의열단 폭탄 밀반입 작전 실패

2장

임시정부 돕다
서대문형무소에 갇힌
아일랜드인

조지 L. 쇼

아일랜드인 테러리스트
'샤오'는 누구인가

　1923년 항일운동 단체 의열단은 자체 제작한 폭탄을 대규모로 국내로 밀반입해 조선총독부를 비롯한 주요 시설을 공격한다는 계획을 세웠다. 실제 국내 반입까지 성공했지만 정보가 유출되면서 막판에 실패했던 이 야심찬 작전(1장 참조)에는 '마자르'라는 가명으로만 남은 헝가리 출신 폭탄 전문가뿐 아니라 또 다른 외국인이 등장한다. 미국 언론인 님 웨일스가 김산의 일대기를 기록한 《아리랑》에서 김산은 이 사람을 "아일랜드인 테러리스트 샤오(Sao)"라고 소개했다.

　김산은 이 샤오라는 아일랜드인이 "일본인을 거의 영국인만큼이나 싫어했다"라며 "돈 한 푼 받지 않고 오로지 동정심에서 스스로 조선을 도왔다"라고 밝혔다. 의열단은 폭탄을 의류품

화물 상자에 넣은 다음 샤오가 경영하는 회사인 이륭양행(怡隆洋行)이 소유한 기선에 실어서 옮겼으며, 샤오는 상하이로 가서 화물 선적을 감독했다고 한다. 이 계획이 발각된 뒤에도 샤오는 독립운동가들을 자기 집에 숨겨주거나 자기 배에 태워 텐진과 상하이로 탈출하도록 도와주었다(님 웨일즈·김산, 《아리랑》, 170~171쪽).

해방 뒤 김원봉이 들려준 의열단 활동상을 소설가 박태원이 정리한 《약산과 의열단》에도 이 아일랜드인을 "안동현[현재 중국 랴오닝성 단둥]에 있는 저명한 무역상 이륭양행 주인 쇼우"로 표현했다. 김원봉은 쇼우가 아일랜드 사람으로 그 역시 피압박 민족의 한 사람이었기 때문에 조선 혁명가들에게 뜨거운 동정을 아끼지 않았다고 소개했다(박태원, 《약산과 의열단》, 162~163쪽). 이 책에서는 쇼우가 상하이에서 단둥(丹東, 당시 지명 안동[安東])으로 몰래 옮겨온 폭탄을 지하 창고에 숨겨놓았다가 연락을 받고 찾아온 독립운동가들에게 전달하는 광경을 마치 영화 속 한 장면처럼 생생하게 묘사했다.

'샤오' 혹은 '쇼우'는 본명이 조지 L. 쇼(George Lewis Shaw, 1880~1943)다. 1880년 1월 25일 중국 푸젠성(福建省) 푸저우(福州)에서 태어났다. 아버지 새뮤얼 L. 쇼(Samuel Lewis Shaw)는 아일랜드계 영국인이었다. 당시는 아일랜드가 영국에 속해 있었기에 국가보훈부 자료에는 쇼 국적 분류도 영국으로 되어 있다. 새

조지 L. 쇼.
출처: 미상

뮤얼 쇼는 10대 초반 선원으로 일하며 동양과 인연을 맺은 뒤 줄곧 중국, 인도, 마카오 등지에서 잔뼈가 굵은 무역업자였다. 1868년 푸저우에 정착해 무역 화물의 손해 정도와 원인을 검사하는 해사검정인이 되었다. 어머니 엘런 오시(Ellen Oh'sea)는 이름만 들으면 아일랜드 사람으로 생각하기 쉬워 친손자들조차 할머니를 아일랜드인이나 스페인계 아일랜드인으로 착각했지만 실은 일본인이었다. 아이러니하게도 일본 정보 당국에서는 정작 쇼의 어머니를 중국인으로 잘못 파악하고 있었다. 오시는 22세인 1879년에 무역업을 하던 친오빠 소개로 새뮤얼 쇼와 결혼했고, 다음 해 태어난 맏아들이 이 글의 주인공 조지 L. 쇼다.

사실 쇼 집안과 일본은 인연이 깊다. 조지 쇼 본인도 1912년 일본인 사이토 후미(齊藤ふみ)와 결혼했고, 그의 둘째 아들 루이스 L. 쇼 역시 일본인과 결혼했다. 3대가 모두 일본인과 결혼했으니 상당한 인연이다. 그럼에도 일본과 악연을 이어간 것을 생각하면 세상사란 참 알다가도 모를 일이다.

조지 쇼가 한국과 처음 인연을 맺은 것은 20대 초반 한국에 있는 금광에서 회계로 일하기 시작한 1900년 무렵으로 보인다. 당시 그의 아버지는 사업이 어려워져 곤란한 상황이었는데 맏아들인 쇼가 가족을 돕기 위해 한국 근무를 자처했다고 한다. 쇼가 일한 금광은 은산광산(殷山鑛山)으로 추정된다. 현재 평안남도 순천시(順川市)에 있던 은산광산은 숭아산(崇娥山, 685미터)에 자리 잡고 있었는데, 이 산에서 흘러내리는 물에 사금(砂金)이 많이 나온다는 기록이 《신증동국여지승람》에 등장한다. 은산광산은 1906년 광맥이 단절되었고, 쇼는 1907년 중국 단둥으로 이주했다. 그는 단둥시 위안바오구(元寶區) 싱룽가(興隆街) 25호에 무역회사 겸 선박대리점인 이륭양행을 창업했다. 이후 쇼는 단둥을 터전으로 삼아 사업을 확장해가며 큰돈을 벌었고 일본인 아내와 결혼해 두 아들을 낳았다. 한때는 5만 평에 이르는 토지의 영구임대권을 확보해 제재공장을 운영하기도 했다.

하지만 쇼는 결코 평범한 사업가가 아니었다. 그에게는 독립운동가라는 또 다른 모습이 있었다. 어머니가 일본 사람이고 일본 여성과 결혼하고 둘째 며느리도 일본인이었지만 단둥에서 쇼는 철저한 반일 성향을 견지했다. 이유가 뭐였을까?

무엇보다 쇼의 뿌리가 아일랜드였다는 사실을 빼놓을 수 없다. 아일랜드는 12세기 무렵부터 영국의 침략과 지배를 받은 이래 영국에 박해와 탄압을 당한 역사가 오래되었고 그런 만큼 저항의 역사 또한 유구한 나라였다. 19세기 중반에는 수백만 명이 사망하는 대기근을 겪으면서 수많은 아일랜드인이 고향을 등지고 미국으로 이주했다. 오랜 차별과 억압에 맞서 독립운동이 활발해진 끝에 1916년 4월 '부활절 봉기'가 일어나고 1919년 1월부터 본격적인 독립전쟁이 벌어지면서 1921년 조약 체결로 1922년 영국 일부로 자치를 누리는 아일랜드자유국이 탄생했다. 북아일랜드를 제외한 아일랜드가 영국연방에서 탈퇴해 독립한 것은 1949년이었다. 이런 역사적 악연 때문에 지금도 아일랜드에서는 잉글랜드 축구 대표팀이 패배하면 기뻐하며, '잉글랜드만 아니면 된다'는 정서가 강하다.

쇼는 평소 식민지로 고통받는 한국인을 아일랜드인과 비교하며 동정했다고 한다. 자신의 뿌리인 아일랜드가 영국 지배를 받고 있어서 공식 국적이 영국으로 되어 있고, 영국인들한테 차별받으면서도 사업을 함께 할 수밖에 없는 자신의 처지를 한국인에게 감정 이입한 것 아닐까 싶다. 특히 아일랜드인이 독립전쟁에 나선 시기에 발생한 3·1운동의 물결과 일제의 잔인한 탄압은 쇼가 적극적으로 독립운동을 돕는 길로 이끌었을 것이다. 이런 정황은 쇼가 "망국민을 동정하는 것은 인지상정이며, 소국의 독립은 세계의 대세인 바, 다수의 한국인 지기들로부터 그 독립운동에 관해 상의를 받았을 때는 적당한 조언을 하는 것이 보통이다"라고 말한 데서도 잘 드러난다.

쇼가 사업을 위해 일본인과 경쟁을 할 수밖에 없었다는 사정도 한몫했던 것으로 보인다. 쇼가 단둥에서 사업가로 승승장구하자 일본인 사업가들이 그를 축출하려고 공작을 벌였다고 한다. 중국에서 활동하던 영국 상인들 자체가 일본 상인들과 경쟁이 격심했기 때문에 대체로 일본에 대한 인식이 좋지 않았다. 1914년 상하이에서 일본 상품 배척 운동이 벌어졌을 때 쇼 역시 적극 참여했다.

회사 건물을
임시정부 비밀 사무소로 쓰다

1919년 중국 상하이에서 대한민국임시정부가 수립된 뒤 쇼
는 이륭양행을 통해 임시정부를 돕는 활동을 시작했다. 임시정
부는 수립 직후 교통부 산하에 교통국을 설치했으며, 단둥에는
'안동교통지부 교통국'(1919년 10월 17일 임시안동교통사무국으로 개칭)을
설치했다. 사무실은 이륭양행 2층에 자리 잡고 있었다. 이곳에
서 독립운동 자금 모집, 국내의 정보 수집, 임시정부가 발송하는
지령과 서류의 통신, 주요 인물의 소개, 무기 수송 등 다양한 업
무를 수행했다. 한마디로 이륭양행은 임시정부를 평안남북도와
황해도, 만주 지역과 연결하는 연락 사무소 혹은 전진 기지였다
고 할 수 있다.

국내와 상하이를 왕래하는 독립운동가들 가운데 이륭양행
이 소유한 선박 계림호(桅林丸)를 이용하지 않은 사람이 없을 정
도였다고 한다. 의열단을 이끌던 김원봉도 1918년 9월 동지 이
여성과 함께 단둥에서 출발하는 이륭양행 소속 선박을 얻어 타
고 톈진까지 신세를 진 적이 있었다(박태원, 《약산과 의열단》, 163쪽).
계림호에 승선한 임시정부 요인들을 일본 군경이 체포하려고
하자 쇼가 직접 나서서 막아낸 덕분에 무사히 상륙한 적도 있었

1920년대 단둥시 압록강 하구 풍경.

출처: 《아세아 대관(亜細亜大観)》제3책, 도요문고(東洋文庫)

다. 백범(白凡) 김구(金九, 1876~1949) 역시 이런 사람 가운데 하나였다. 그는 자서전인 《백범일지》에서 3·1운동 직후 식민지 조선을 떠나 상하이로 망명할 당시 상황을 이렇게 증언했다.

"거기서 이레를 보낸 후 이륭양행 배를 타고 상하이로 출발했다. 황해안을 지날 때 일본 경비선이 나팔을 불고 따라오며 정선을 요구했다. 그러나 영국인 함장은 들은 체도 않고 전속력으

로 경비 구역을 지나갔다. 그리하여 나흘 뒤 무사히 [상하이] 황푸
(黃埔) 선창에 정박했다. 그 배에 탄 동지는 모두 15명이었다."

이륭양행이 이런 활동을 버젓이 할 수 있었던 것은 쇼가 영
국 국적이고, 그의 사업체인 이륭양행이 일본영사관의 경찰권
이 미치지 못하는 치외법권을 갖고 있었기 때문이다. 당시만 해
도 일본은 영국과 '영일동맹'으로 맺어져 있었기 때문에 영국인
을 함부로 대할 수가 없었다. 물론 일본 경찰은 쇼가 임시정부와
연계해 독립운동을 돕는 활동을 눈엣가시로 여기며 쇼 주변을
철저히 감시했다.

쇼를 체포할 기회를 호시탐탐 노리던 일제는 1920년 7월
11일 드디어 오랫동안 계획했던 일을 실행에 옮긴다. 이날 쇼는
일본에서 오는 가족들을 마중하기 위해 기차를 타고 압록강을
건너 신의주로 갔다. 일본영사관과 신의주경찰서는 물론 조선
총독부 경무국까지 나선 합동 작전으로 쇼를 전격 체포했다. 쇼
가 여권을 소지하지 않은 것을 '우연히' 검문해 체포했다는 명분
을 내세웠다.

국제 스캔들로 번진
쇼 체포와 구금

쇼를 체포하는 것은 일본으로서도 상당히 부담스러운 일이었다. 일본과 동맹국인 데다 당시 세계 최강대국이던 영국 시민을 구속하면 어떤 외교 분쟁이 발생할지 충분히 예상할 수 있었기 때문이다. 상황이 그런지라 일본 정부에서도 당장 외무성이 부정적인 입장을 밝힐 정도로 논란이 벌어졌다. 조선총독부는 쇼를 내란죄 혐의로 기소한 뒤 서대문형무소에 수감했지만 조선총독부 안에서도 법무국이 '법률적으로 무리'라며 경무국의 방침에 반대하면서 격론이 벌어졌다.

쇼가 체포되자 영국은 즉각 행동에 나섰다. 주일영국대사가 7월 14일 일본 외무차관을 방문했다. 쇼가 왜 체포되었는지 따지는 등 즉각 일본을 압박하기 시작했다. 중국에서 발행하는 영자 신문이 '쇼 사건'을 보도했고, 곧 《타임스》 등 영국 본토 언론에서도 이 사건을 다루기 시작했다.

사태가 확산되고 급기야 유럽에서 반일 감정까지 높아질 정도가 되자 일본이 느끼는 압박감은 상당했다. 거기다 하필이면 일본이 영국과 1902년 체결했던 영일동맹이 1921년 7월 13일 종료될 예정이었다. 동맹 조약을 연장해야 하는 마당에 쇼 사건

쇼 체포를 다룬 신문 기사.
출처: 《동아일보》, 1920년 8월 21일

이라는 악재가 터졌으니 일본 정부로서는 이러지도 못하고 저러지도 못하는 상황에 빠졌다. 결국 일본 내각은 영국을 다독이는 한편 조선총독부를 설득했다. 조선총독부는 어쩔 수 없이 쇼를 석방하기로 방침을 정했다. 그렇다고 아무 일 없다는 듯이 그냥 석방할 수는 없는 노릇이었다. 보석을 통해 석방하는 쪽으로 결론 내렸다. 우여곡절 끝에 쇼가 구속되고 나서 4개월 만인 11월 4일 경성고등법원은 보증금 1500원에 보석을 허가했고, 쇼는 11월 19일 석방되어 단둥으로 돌아갔다. 일본은 보증금마저

쇼에게 돌려주고 쇼 사건을 종결시킬 수밖에 없었다.

임시정부는 쇼의 공로와 그가 겪은 고초를 격려하기 위해 1921년 1월 상하이에서 쇼 환영회를 개최했다. 이 자리에서 쇼에게 금색 공로장도 수여했다. 김산은 상하이에서 열렸던 환영회를 이렇게 증언했다.

"샤오는 일본에 체포되었고, 자기 직업을 잃었다. 감옥에서 풀려나자 그는 상하이로 왔으며 임시정부는 대규모 대중 집회를 열어 그를 환영하였다. 샤오는 조선의 독립을 위해 자신이 희생할 수 있었던 것이 자랑스럽고 기쁘다고 말했다. 그가 갇혀 있을 때 그의 부인이 아일랜드로 돌아갔기 때문에 그도 곧 떠났다. 나는 지금 그가 어디 있는지 알지 못한다. 아마도 어디에선가 아일랜드의 독립을 위해 일하고 있을 것이다. 모든 조선인이 이 아일랜드인을 사랑하였으며, 그는 지금 우리 혁명운동에서 전설적인 인물로 남아 있다."(님 웨일즈·김산, 《아리랑》, 171쪽)

끊임없는 일제 압력에 고통받으면서도 의리를 지키다

김산의 증언은 사실과 약간 다르다. 쇼는 일본 경찰에 체포되는 수난을 겪은 뒤로도 독립운동을 지원하는 활동을 계속 이어갔다. 1921년 5월 쇼는 김문규를 이륭양행 직원으로 채용해 단둥교통사무국 기능을 복구하는 노력을 기울였다. 이륭양행은 독립운동가들이 중요한 연락을 주고받고, 은신하고, 무기를 보관하거나 전달하는 거점 역할을 멈추지 않았다. 당시 쇼는 김문규에게 "지금 세계의 대세를 보라. 아일랜드는 영국으로부터 독립하고 인도의 독립 역시 가까이에 존재한다. 다음에 한국이 일본으로부터 독립함은 의심의 여지가 없다. 그대들이 만족할 만한 일은 멀지 않았다"라며 격려했다고 한다. 하지만 1922년 8월 8일 김문규가 일제에 체포되면서 단둥교통사무국은 사실상 활동을 중단할 수밖에 없었다. 그런 속에서도 쇼는 임시정부 인사들과 교류를 계속했고 독립운동을 지원하는 역할도 멈추지 않았다.

일본의 조직적인 견제는 갈수록 심해졌다. 1931년 만주사변을 일으켜 만주를 점령한 뒤 괴뢰국인 만주국을 세운 일제는 단둥에 어용 회사인 대안기선공사를 설립해 이륭양행과 경쟁을 시키고, 이륭양행을 매수하려고 시도하는 등 다양한 압박을 서슴지 않았다. 이에 따라 쇼는 1935년 2월 대안기선공사에 이륭양행의 선박과 압록강 항로권을 매각하는 등 경영난을 겪을 수밖에 없었다. 결국 1938년 4월 이륭양행 본점을 푸저우로 이전하고 단둥을 떠나야 했다. 그 뒤 쇼는 푸저우에서 사업을 계속했지만 일제가 중국을 침략하면서 발발한 중일전쟁 여파로 사업에 애를 먹던 끝에 1943년 11월 13일 63세로 생을 마감했다.

현재 쇼가 태어났던 푸저우 집은 공원으로 바뀌었고, 그가 묻힌 외국인 공동묘지는 1960년대 마오쩌둥이 일으킨 악명 높은 문화대혁명 때 홍위병들이 파헤쳐버리는 바람에 흔적을 찾을 수 없게 되었다. 대한민국 정부는 독립운동을 지원한 쇼의 공적을 인정해 1963년 그에게 건국훈장 독립장을 추서했다. 하지만 후손을 찾지 못해 정부에서 훈장을 보관하다가 2012년 쇼의 손녀 마조리 허칭스(Marjorie Hutchings)와 외증손녀 레이철 사, 먼 친척 캐서린 베틴슨에게 전달할 수 있었다. 국가보훈처(현 국가보훈부)는 쇼를 2015년 4월 '이달의 독립운동가'로 선정했다.

연보

- 1880년 중국 푸저우에서 출생

- 1900년 무렵 한국 금광에서 근무하기 위해 입국

- 1907년 중국 단둥에 이륭양행 창업

- 1912년 일본인 사이토 후미와 결혼

- 1919년 임시정부 임시안동교통사무국 이륭양행에 설치

- 1920년 신의주에서 일본 경찰에 체포되었다 4개월 만에 석방

- 1921년 임시정부, 쇼 환영회 개최

- 1938년 이륭양행 푸저우로 이전하고 단둥에서 철수

- 1943년 푸저우에서 사망

나는 대한독립을 위해 싸우는
외국인입니다

3장

일제강점기 유일한
일본인 비전향장기수

이소가야 스에지

서울역에서 서대문역으로
택시로 호송한 죄수

1934년 11월, 함경남도 함흥에서 출발한 기차가 서울역에 도착했다. 기차에서 포승줄에 묶인 죄수가 내렸다. 경찰들은 서둘러 죄수를 택시에 태웠다. 당시 일본인 평균 신장 160센티미터에 비해 두드러지는 173센티미터나 되는 큰 키에 미남형이어서 눈에 띄는 이 죄수를 태운 택시가 향한 곳은 서울역에서 3킬로미터 떨어진 서대문형무소였다. 걸어가도 되는 거리를, 그 시대 서민들에게는 꿈도 꾸기 쉽지 않을 택시까지 동원할 정도로 신경이 곤두서게 만든 이 죄수는 누구였을까. 얼마나 대단한, 그리고 일제 입장에서 얼마나 위험한 사람이었던 것일까.

서슬 퍼렇던 치안유지법 위반인 사상범, 요즘 용어로는 시국사범이고 독립운동가인 것은 틀림없었지만 이 죄수에게는 남

서대문형무소 수감 당시 이소가야 스에지의 사상범 인물 카드.
출처: 국사편찬위원회 한국사데이터베이스

들과 다른 매우 특이한 점이 하나 있었다. 놀랍게도 이 죄수는 일본인이었다. 일본인 출신 독립운동가이자 일제강점기를 통틀어 일본인 사상범 가운데 끝내 전향을 거부한 단 한 사람밖에 없는 비전향장기수였다. 1932년 4월 체포되어 함경남도 흥남경찰서에서 그해 11월까지 수감되어 있다가 함흥형무소를 거쳐 서대문형무소로 이감되어 1936년 11월까지 2년가량 지냈고, 다시 함흥형무소로 옮겨 그곳에서 출소했다. 이소가야 스에지(磯谷

季次, 1907~1998)는 그렇게 25세부터 34세까지 꽃다운 청춘 9년을 감옥에서 보내야 했다.

이소가야가 태어난 곳은 일본 시즈오카현(靜岡縣) 시즈오카시 아오이구(葵区) 야마자키(山崎)다. 시즈오카는 일본을 대표하는 두 도시인 도쿄와 교토를 잇는 핵심 교통로가 지나는 요지다. 시즈오카 바로 동쪽에는 일본을 대표하는 명물인 후지산이 자리 잡고 있다. 시즈오카는 일본 전국시대를 끝내고 에도막부(江戸幕府) 시대를 연 도쿠가와 이에야스(德川家康)가 만년을 지낸 곳으로도 유명하다. 아오이라는 이름도 도쿠가와 가문의 문장인 아오이(아욱)에서 유래했다고 한다.

이소가야의 아버지는 원래 경찰 출신으로 다리를 지키는 다리지기로 일했다. 시즈오카 시내를 남북으로 가로지르는 아베강(安倍川)을 잇는 다리 중 하나인 안자이바시(安西橋)는 통행료를 내야 건널 수 있는 유료 다리였다. 이 다리를 지키며 통행료를 걷는 것이 이소가야 아버지가 하는 일이었다. 형편이 넉넉할 만한 일자리라고 보기는 힘들었다. 게다가 네 살 때 어머니가, 소학교 5학년 때는 아버지마저 세상을 떠나는 바람에 막내아들이던 이소가야는 소학교만 겨우 졸업한 뒤 온갖 일을 하며 10대를 보내야 했다.

이소가야가 도쿄 아사쿠사(淺草)에서 목재상을 하던 형을 찾아가 일을 돕기 시작한 것은 열세 살 때였다. 선원이 되고 싶었지만 나이가 어리고 학교도 제대로 다니지 못했다는 이유로 좌절한 뒤로는 자동차 운전사 조수나 공사장 막노동꾼을 전전했다. 그러다가 1927년 징병 검사를 받고 입대를 했다. 1928년 5월 이소가야와 다른 신병들을 잔뜩 태우고 오사카를 출발한 배는 2주일 가까이 걸려 함경북도 청진시에 도착했다. 이소가야는 함경북도 경성군 나남읍(현 청진시 라남구역)에 주둔해 있는 일본군 제19사단 제76연대 제10중대에 배치되었다. 이소가야가 식민지 조선과 맺은 첫 인연은 그렇게 시작되었다.

일제강점기 조선에 주둔한 일본군은 '조선군'이라고 불렸고 사령부는 서울 용산구에 있었다. 조선군 사령부 산하에는 두만강 연안 국경 경비를 담당하는 제19사단과 압록강 유역과 한반도 남부 지역 경비를 맡는 제20사단이 있었다. 1938년 7월 두만강 하류 국경 지역에서 소련군과 무력 충돌했다가 심각한 피해를 입은 '장고봉전투'에 출전했던 부대가 바로 제19사단이었다. 1930년 군 복무를 마친 뒤 이소가야가 향한 곳은 흥남(현 함흥시 흥남구역)에 있는 조선질소비료주식회사 흥남공장이었다. 1927년 일본질소비료주식회사(현 칫소주식회사)가 설립한 이 공장에서 이소가야는 열심히 일해 모은 돈으로 과수원을 차리는 것이 꿈이었다고 한다. 실제로 이소가야는 제대 직전 부대 근처에 살면서 친해진 어느 조선인 가족한테서 과수원을 500원에 5년 분할 조건으로 매입했다.

일본에서 가난에 시달리며 고생만 했던 이소가야는 조선에서 새로운 삶을 꾸리며 뿌리 내리기를 진심으로 꿈꾸었다. 물론 이때까지만 해도 이소가야는 식민지 문제에 관해서는 아는 것이 거의 없는 상태였다.

흥남에서 목격한
식민지 노동 착취와 차별

흥남공장에 취직한 이소가야가 배치된 곳은 황산을 제조하는 작업장이었다. 흥남공장 자체가 워낙 극악한 노동 조건 때문에 산업 재해가 빈발하는 것으로 악명이 높은 곳이었지만 그중에서도 황산 공장은 강한 산성 화합물을 다루다보니 사고가 끊이지 않아 '살인 공장'이라고 부를 정도였다. 소설가 이북명(李北鳴, 1910~?)이 흥남공장에서 3년간 일했던 경험을 다룬 소설《질소비료공장》에는 주인공이 폐결핵에 걸리자마자 노동 부적격자로 부당 해고를 당하는 장면이 등장한다.

수은 중독으로 인한 공해병으로 세계적인 악명을 떨친 미나

조선질소비료주식회사 흥남공장.
출처: 《일본질소비료 사업 대관(日本窒素肥料事業大観)》, 1937

마타병을 초래한 기업이 신일본질소비료주식회사인데, 바로 일본질소비료주식회사의 후신이었다. 하지만 빨리 돈을 모아 과수원을 갖고 싶었던 이소가야는 찬밥 더운밥 가릴 때가 아니었다. 돈을 더 아껴야겠다고 생각했던지 공장 인근 구룡리(九龍里)에 사는 손일룡(孫一龍)이라는 조선인 집에 하숙까지 했다. 조선인 위에 군림하는 기득권의 일원이었던 일본인이 조선인 집에서 하숙한다는 것 자체가 당시로서는 흔치 않은 일이었다. 그런 면에서 보면 이소가야는 식민지 조선인을 멸시하는 인종주의에 찌들어 있던 당시 보통 일본인과는 사뭇 다른 성향이었다는 것을 알 수 있다.

이소가야가 그냥 적당히 돈을 벌어 고향으로 돌아갈 생각만 했다면, 다른 일본인 노동자들처럼 기숙사에서 지냈다면, 더 비싸더라도 좀 더 여건이 좋은 일본인 집에서 하숙했더라면, 무엇보다 여느 일본인처럼 조선인을 무시하며 어울릴 생각을 아예 갖지 않았다면 이소가야의 인생은 어떻게 달라졌을까.

이소가야가 하숙했던 집은 하필 흥남과 함흥에서 열악한 노동 조건과 민족 차별에 저항하기 위해 노동조합을 결성하려던 청년들이 모이는 아지트였다. 조선인과 어울리는 데 선입견이 없던 이소가야는 이들과 교류하며 친해졌다. 뒷날 이소가야는 이들과 만났던 당시를 이렇게 회고했다.

"그날 밤, 손일룡의 집에서 나는 오로지 듣기만 했을 뿐이었다. 왜냐하면 내게는 그들의 이야기가 절반은커녕 그 이하밖에 이해되지 않았기 때문이다. 나는 대화에 귀를 기울이며 그들을 통해 새로운 정신적 세계의 문 앞에 서게 된 자신을 느꼈다. 나는 이제부터 막이 오르려고 하는 조선의 정치·경제·사회·문화 그리고 그들의 역사 등에 대한 지적 준비 같은 작업이 전혀 되어 있지 않은 상태였다."

조선인 청년들과 함께 공부하고 토론하면서 이소가야는 그들과 뜻을 함께하는 사람으로 급격히 변신하게 된다. 흥남공장 일본 인부 책임자로서 일본인 노동자를 대상으로 한 《노동자신문》을 배포하고 소비자협동조합을 준비했다. 동료 집 마당을 파서 아지트를 만들어 지하 인쇄소를 차리기도 했다. 그렇게 활동에 매진하던 1932년 4월 27일, 이소가야는 공장에서 일하던 도중 체포돼 홍남경찰서 유치장에 갇혔다. 다음 달까지 함경도 각지에서 500명이 넘는 사람이 검거된 '제2차 태평양노동조합 사건'이었다. 이소가야는 홍남경찰서 유치장에서 1933년 11월 20일까지 수감되어 있으면서 혹독한 고문을 견뎌야 했다. 그를 고문한 자는 악명 높은 특고(特高, 특별고등경찰) 김세만(金世萬)이었다고 한다. 일제에 부역한 식민지 조선 출신 경찰은 일본인 사상범을 고문하면서 어떤 생각을 했을까.

이소가야는 1934년 10월 2일 함흥지방법원에서 열린 1심 재판에서 치안유지법 위반으로 6년 형을 선고받았다. 이소가야와 함께 기소된 사람들 가운데 가장 형량이 높았다. 일제강점기를 통틀어 조선과 관련한 사건으로 일본인 사상범이 받은 형량 중 최고형이기도 했다. 핵심 주동자가 아니었는데도 이런 중형이 나온 것은 일본인이 반일 활동을 했다는 괘씸죄가 크게 작용했다고 보지 않을 수 없다. 게다가 체포된 뒤 30개월가량 구속되어 있었는데 이 가운데 4~5개월만 형량에 포함시켰다. 당시 일본 법률에 비추어보더라도 말도 안 되게 치졸한 일이었다. 이소가야는 즉시 항소했다. 그는 함께 항소한 조선인 동지들과 함께 서대문형무소로 이송되었다.

그렇게 서울역에서 서대문형무소까지 택시를 타고 이동했
다. 이소가야가 택시 좌석에 앉아본 것은 이때가 태어나서 처음
이었다고 한다. 식민지 독립운동가들 사이에서 감옥은 '학교'로
불리곤 했다. 각지에서 비밀 활동을 하던 독립운동가들이 한곳
에 모여 자연스럽게 교류했다. 고문과 탄압을 함께 이겨내며 동
지애를 높이고 독립을 위한 의지를 다졌다. 함께 토론하고 공부
하는 효과도 빼놓을 수 없었다.

항소했다가 밉보여
9년을 감옥에서 보내다

애초에 이소가야는 6년 형을 선고받았는데 9년을 감옥에서
보냈다. 왜 그렇게 되었을까. 여느 일본인 사상범들과 다르게 이
소가야는 전향을 하지 않고 항소를 했다. 일제 사법 당국으로서
는 처음 겪어보는 일이었다. 일본인이라는 자부심을 내팽개치고
반일 활동에 참여한 것도 모자라 전향조차 거부하는 이 배은망
덕한 자를 어떻게 해야 할까 싶었을 것이다. 괘씸하기도 하고 당
황스럽기도 한 이 상황에 대응할 방법을 고민하는 사이 시간만

하염없이 지나갔다. 일제 사법 당국은 이소가야가 항소하고 나서 1년 8개월이 되도록 항소심 절차를 시작조차 하지 않았다. 이소가야로서는 함께 항소한 조선인 동지들에게까지 피해가 가는 상황에 고민이 깊어졌다. 그런 와중에 오랜 감옥 생활 끝에 말라리아까지 걸리며 건강마저 악화되었다. 결국 항소를 포기했다.

체포되고 나서 4년이 더 지난 1936년 6월이 되어서야 미결수 신세를 벗어나 '징역 6년' 기결수가 되었다. 일제는 이소가야의 미결 기간을 형기에 합산해주지 않았다. 그렇게 이소가야는 체포되고 9년이 지난 1941년 1월 21일 자의 반 타의 반 '유일한 일본인 비전향장기수'라는 낙인이 찍힌 채 감옥에서 나왔다. 함께 구속되었던 조선인 동료들 중 일부가 전향서를 쓰거나 변절하는 가운데서도 이소가야는 끝까지 소신을 지켰다. 그런 만큼 이소가야는 조선인 독립운동가들 사이에서 굳건한 신뢰를 얻었다. 이 믿음은 해방 뒤 이소가야 인생에 큰 영향을 미쳤다.

일본인들은 '일본인 사상범'이자 전과자인 이소가야를 곱게 보지 않았다. 아예 같은 일본인으로 인정하지 않는 '이지메' 분위기였다. 이소가야로서는 일자리를 구하기도 쉽지 않았다. 어렵게 흥남공장 자회사인 함흥합동목재주식회사에 취직해 장진 강제재소에서 일하다 해방을 맞았다. 일제가 패망했다는 소식은 세상이 뒤집혔다는 말이나 다름없었다. 그때까지 기세등등

하던 일본인들은 순식간에 기가 죽은 채 자신들이 멸시하고 박해했던 조선인들한테 목숨을 잃거나 해코지를 당하지나 않을까 두려워 전전긍긍했다. 38도선 이북에 진주한 소련군이 적성국 국민인 일본인의 이동을 금지하면서 일본으로 돌아갈 방법도 막혔다. 당장 하루하루 먹을 식량을 구하기조차 쉽지 않았다.

일본인들은 그때까지 배신자로 취급하던 이소가야에게 도움을 요청할 수밖에 없었다. 함흥 지역 행정과 치안을 장악한 함흥인민위원회 구성원들과 직접 소통이 가능하고 그들한테서 동지로서 신뢰까지 받고 있던 거의 유일한 일본인인 이소가야는 전쟁 포로나 다름없던 일본인들이 의지할 수 있는 동아줄이었다. 일본인들의 의료와 식량 공급 등을 위해 노력하고 일본인들이 귀국하는 일을 도맡아 처리하느라 눈코 뜰 새 없던 이소가야는 드디어 1946년 12월 원산항을 떠나 일본으로 귀환하는 배에 올랐다. 그해 함흥에서 결혼한 요시다 스마코(吉田須磨子)와 함께였다.

이소가야는 귀국을 준비하면서 그때까지 알고 지냈던 모든 조선인 지인들에게 일일이 작별 편지를 남겼다고 한다. 이소가야 부부를 태운 배는 1947년 1월 초 일본 규슈에 있는 사세보항에 도착했다. 조선으로 건너간 지 18년 7개월 만이었다. 고향인 시즈오카에서 농사를 짓다가 도쿄로 옮겨 미군 비행장 건설 아

르바이트와 학교 경비원으로 일하는 등 어렵게 생활하던 이소가야는 1998년 91세로 별세했다.

일본으로 귀국한 뒤 이소가야는 자신의 청춘을 바쳤던 한국을 딱 한 번 방문했다. 1991년 4월 초순 5박 6일 일정으로 서울에 온 이소가야가 찾은 곳은 서대문형무소였다. 서울 여행을 마친 이소가야는 이런 글을 남겼다.

"일본은 내각이 교체되었다. 신임 총리대신과 외무대신 등이 일본이 한국 국민에게 행한 죄를 속죄하는 것에 대해 어떻게 생각하는지 궁금하다. 죽은 자에 대한 사과의 말과 위령(慰靈)도, 또한 작년에 크게 문제가 된 위안부에 대한 보상 문제도. '모두 이미 해결이 끝난 문제'라는 식으로 말해서는 안 된다."

일본인에게
반역자 취급받았던 일본인

양지혜(대구교대 사회과교육과 교수)는 "이소가야는 주요 활동 무대가 함경도 지역이었던 데다, 함께 활동했던 많은 동지들이 김일성 체제 북한에서 숙청되면서 북한에서도 제대로 조명받지 못했다. 이소가야 스스로 남북한 모두에 비판적인 입장을 숨기지 않았다. 자연스레 한반도에서 잊힌 사람이 되었다"라고 설명했다. 또한 "이소가야는 일본에서도 제대로 주목받지 못했다. 대학을 나오지도 못했고 경제적으로도 하층민이었다. 일본의 주류 진보 진영과 사회연결망도 부족했다"라면서 "결국 남북한과 일본 모두에서 '잊힌 사람'이라는 점이야말로 미래지향적인 동북아시아를 만드는 데 주목해야 할 지점이 아닐까 싶다"라고 말했다.

일제강점기 독립운동사를 연구해온 미즈노 나오키(교토대 명예교수)에 따르면 1925년 치안유지법이 제정된 뒤 1925년부터 1934년까지 10년간 조선에서 치안유지법 위반 혐의로 검거된 일본인은 89명이었고 이 가운데 33명이 기소되었다. 미즈노는 이메일 인터뷰에서 "조선에서 태어나거나 자란 일본인들이 식민지 지배라는 환경 속에서 왜 사회운동에 참여했는지, 왜 피지배자인 조선인들과 함께 활동했는지 생각해볼 필요가 있다"라면서 "그것을 밝히는 것이 일본과 한국(북한도 포함)의 시민 차원에서의 교류/공생의 길을 찾는 길"이라고 강조했다. 그는 "이소가야처럼 식민지 조선 사회의 저변에서 노동에 종사하면서 사회의 변혁에 대해 생각하고 행동하고자 했던 일본인이 소수이긴 하지만 존재했다는 것에 관심을 가져야 한다"라고 말했다.

미즈노는 최근 연구를 통해 알게 된 이와키 기누코(岩城錦子) 사례도 소개했다. 미즈노에 따르면 1929년 광주학생항일운동에 참여했던 이와키 기누코는 일본인 아버지와 조선인 어머니 사이에서 태어났으며 호적상으로는 일본인이었다. 아버지가 죽은 뒤 어머니가 다른 조선인과 함께 살게 되면서 이와키는 조선인 가정에서 조선인 동생들과 함께 자랐고 학교도 조선인이 다니는 여자고등보통학교에 다녔다. 양아버지는 나주에서 유력한 기업인으로 상공회 회장과 나주읍 의원을 지냈다. 이런 환경 속에서 기누코는 학교에서 조선인과 함께 독서회 활동을 했다고 한다. 미즈노는 "식민지 지배 속에서 그런 '일본인'도 있었다는 사실을 기억하고 싶다"라고 강조했다.

《자유와 평화를 꿈꾼 '한반도인' 이소가야 스에지》를 저술한 변은진(전주대 한국고전학연구소 HK교수)은 이소가야와 유사한 사례로 바바 마사오(馬場正雄)를 소개하기도 했다. 변은진에 따르면 바바는 일본 나가사키(長崎)에서 태어난 선원 출신으로, 일본에서 일본노동조합전국협의회 산하 고베해원쇄신회(神戸海員刷新會)에 가입해 활동하다 조선으로 건너왔다. 바바 역시 이소가야처럼 흥남에 있는 조선질소비료 공장에서 일하다 '제1차 태평양노동조합 사건'으로 검거되었다. 1933년 3월 6일 징역 4년 형을 선고받고 복역 중 그해 8월 11일 함흥형무소에서 숨을 거두고 말았다. 바바는 주변에 친지가 아무도 없어서 함흥형무소 묘지에 묻혔다고 한다.

연보

- 1907년 일본 시즈오카현에서 출생

- 1928년 군대 입대. 함경북도 나남 주둔 제19사단 배치

- 1930년 제대. 조선질소비료주식회사 흥남공장 취업

- 1932년 동료 500여 명과 함께 경찰에 검거되어 구속 수감

- 1934년 함흥지방법원 1심에서 치안유지법 위반으로 징역 6년 형 선고

- 1941년 함흥형무소 출옥

- 1945년 함흥일본인위원회 주도

- 1946년 요시다 스마코와 함흥에서 결혼. 함흥 출발해 귀국길에 오름

- 1947년 일본 귀국

- 1991년 서울 방문

- 1998년 도쿄에서 사망

4장

사상범으로 투옥된
일제 최고 엘리트

미야케 시카노스케

식민지 조선에 스며든
민족 차별의 일상

식민지가 되었다는 것은 독립 국가로서 모든 지위를 잃어버렸다는 의미다. 그렇다면 나라 잃은 백성이 되었다는 것은 무엇을 뜻할까. 그전까지 '이웃 나라 외국인'이었던 사람들을 주인으로 모셔야 한다는 뜻이었다. 피지배 민족에 속한 사람은 본인의 의지나 능력과 상관없이 말 그대로 노예 신세로 떨어졌다. 노예가 된다는 것은 하루에도 숱하게 모욕과 수치, 폭력과 굴욕에 노출된다는 것을 의미했다. 천재이자 문학가, 그리고 친일파라는 세 방면에서 모두 식민지 조선을 대표하던 이광수 같은 사람조차 기차에서 자신을 업신여기는 일본인 '뽀이' 때문에 불쾌했던 경험을 토로할 수밖에 없었다. 그렇게 일제 식민지 노예라는 경험은 광복 이후 80년이 되도록 수치심과 열등감, 죄의식이라는 오래된 '트라우마'를 우리에게 남기고 있다.

"세기말의 모욕과 위기 직후 식민지배의 시간은 한국 역사의 심연이다. … 식민지는 지배민족과 피지배민족이 주인과 노예의 관계로 재배치되어야 유지되는 체제이고 이 기본적인 사회관계 안에서 민족적 모욕과 수치, 폭력, 굴욕 또한 일상화되었다."(유선영, 《식민지 트라우마: 한국 사회 집단 불안의 기원을 찾아서》, 6~7쪽)

식민지를 거느리게 되었다는 것은 어떤 의미일까. 그것은 '이웃 나라 외국인들'을 노예처럼, 기분 내키는 대로 부릴 수 있다는 것을 뜻했다. 본국에서 하층민이던 사람조차 식민지에 가면 어깨를 펴고 기세등등할 수 있었다. 조선에서 장사를 하던 숙부를 찾아 대구에 온 우메네 사토루(梅根悟)는 자신을 마중 나온 일본인 직원을 따라 인력거를 탔는데 목적지에 도착하자 그 직원이 "아주 더러운 것처럼 돈을 땅바닥에 집어 던졌다. 차부가 '부족하다'고 항의하자 내리면서 그의 얼굴을 후려쳤다"(다카사키 소지, 《식민지 조선의 일본인들: 군인에서 상인, 그리고 게이샤까지》, 126쪽)라고 증언했다.

일본인 목사로 기독교 전도를 위해 조선에 온 덴고 세이(晧天生)와 우에다 요시오(上田義雄)는 이런 기록을 남기기도 했다. "나도 일본인이지만 우리 국민이 저지르는 횡포에 비분의 눈물을 흘리지 않을 수 없다. … 1개월에 1할(10%) 내지 2할(20%)의 높은 이자를 붙인 다음 기한이 다가왔을 때는 고의로 외출을 해 돈을 받지 않는다. 그리고 이를 구실삼아 나중에 토지와 가옥을 약탈한다. 이런 예는 결코 적지 않다. … 조선인을 동정하는 사람에게는 '왜 조선인 편을 드는가. 일본인을 눌러 무너뜨려도 좋단 말인가. 이 매국노 같은 놈!'이라고 따졌다."(다카사키 소지,《식민지 조선의 일본인들: 군인에서 상인, 그리고 게이샤까지》, 104쪽)

식민지 차별은 사회주의와 같은 정치사상 문제 이전에 일상생활 곳곳에서 존재를 드러냈다. 가령 교육 분야만 해도 학교 설립은 물론, 학생 선발 인원 할당, 학생 지도와 성적 평가, 진학과 취업 등 모든 분야에 걸쳐 법과 사회 구조, 의식 차원에서 민족 차별이 일상생활에 뿌리박혀 있었다(정연태,《식민지 민족차별의 일상사》, 246~250쪽). 이런 시대에 도쿄제국대학을 졸업하고 20대에 경성제국대학 교수가 된 엘리트로서 사회적 명성과 지위, 재산을 모두 잃을 수 있는 위험을 감수한 채 일제와 맞서 싸우는 식민지 조선 활동가들을 돕다가 감옥에 간 미야케 시카노스케(三宅鹿之助, 1899~1982) 같은 사람이 존재했다는 것은 무척이나 비현실적으로 느껴진다. 아마 이런 사람을 주인공으로 한 영화를 만든다면 어지간히 잘 만들지 않고서는 현실감이 없다며 흥행에 참패하기 십상이리라.

흔치 않은 이력을 가진 미야케는 어떤 사람이었을까. 그는

미야케의 수형 기록 카드.
출처: 국사편찬위원회 한국사데이터베이스

오사카에서 태어나 대만에서 소학교와 중학교를 다닌 뒤 나고
야에서 고등학교를 졸업했다. 메이지유신 이후 일본 정부가 최
고 인재를 육성하기 위해 세운 종합대학인 도쿄제국대학 경제
학부에 1920년 입학했고, 1927년 4월에는 경성제국대학 법문
학부 조교수로 부임했다. 1929년 2월부터 1931년 4월까지 독
일, 프랑스, 영국, 미국에 머물며 연구했다. 28세에 경성제국대
학 교수가 되고 30세에 정부 지원을 받아 주요 선진국을 방문했

다는 이력만 보더라도 미야케가 얼마나 일본 학계에서 촉망받는 엘리트였는지 알 수 있다. 일제강점기 일본의 제국대학은 본토인 도쿄, 교토, 도호쿠, 규슈, 홋카이도, 오사카, 나고야 7곳과 식민지인 경성과 타이베이(臺北) 2곳을 포함해 모두 9곳에 있었다. 경성제국대학은 1924년, 법문학부는 1926년에 문을 열었다.

도쿄제대 졸업한 경성제대 교수, 일제의 '붉은' 엘리트

마음만 먹으면 혹은 별다른 마음만 먹지 않았다면 남부러울 것 없는 탄탄대로를 걸을 수 있었겠지만 운명은 꼭 그렇게 흘러가진 않았다. 미야케는 대학에서 러시아혁명과 사회주의에 대한 관심이 폭발적으로 높아지던 시대 분위기 영향을 받을 수밖에 없었다. 1929년 2월부터 1931년 4월까지 재외 연구로 독일, 프랑스, 영국, 미국을 방문했는데, 특히 베를린에 1929년 3월부터 다음 해 5월까지 머물면서 도쿄제국대학 의학과 교수이자 독일공산당 당원이었던 구니사키 데이도(國琦定洞, 1894~1937), 코민테른 집행위원이자 일본공산당의 정신적 지주였던 가타야마 센(片山潛, 1859~1933)과 긴밀하게 교류했다. 독일공산당이 주최하

미야케가 교수로 재직한 경성제국대학 법문학부 건물(좌)과 대학 본관(우).
출처: 서울대학교 중앙도서관 고문헌자료실

는 집회와 시위에 참여하고 마르크스주의 관련 문헌을 섭렵하기도 했다. 해외 연수를 마치고 경성제대로 돌아온 뒤에는 일본이나 조선의 공산주의자들과 교류하고, 조선의 공산주의 운동 현황을 독일에 전하고 독일의 상황을 조선에 전하는 일과 다양한 대중 강연 참여 등 '좌익 교수'로서 활동했다.

여기에 더해 미야케는 제국주의와 식민지 문제에 관해 일본 제국주의가 식민지 조선을 가혹하게 착취하는 체제를 타파해야 한다는 관점을 공유했다. 이미 일제 식민지였던 대만에서 어린 시절을 보낸 미야케는 대학을 졸업한 뒤 호세이대학(法政大學) 경제학부에서 강의하면서 만난 조선인 유학생들을 통해 식민지 조선의 현실을 접하고는 "나는 그것을 눈물 없이는 들을 수 없었다"라고 공감을 표했다. 하지만 이는 당시 일본 정부로서는 절대로 용납할 수 없는 불온한 태도였다.

미야케는 경성제대에 부임한 뒤 이강국(李康國), 박문규(朴文奎), 최용달(崔容達) 등과 사제지간으로 인연을 맺었다. 그는 경성제국대학에서 학회를 이끌고, 재학생들이나 졸업생들과 함께 공부하면서 조선인 혁명가들과 관계를 발전시켜나갔다. 이런 과정에서 미야케는 1933년 겨울 동숭동에 있던 경성제국대학 관사에서 이재유(李載裕, 1905~1944)와 만나게 된다. 이재유는 훗날 미야케를 "당시 일본의 마르크스 학자 가와카미 하지메(河上肇) 등에 비하면 학자로서는 열등한지도 알 수 없지만, 이들 학자가 가지고 있지 않은 실천적 경향을 다분히 가지고 있으며, 또 자기주장만을 내세우는 우리들 주의자보다 자기 이론의 그릇된 바를 기꺼이 들으려고 하는 태도를 가지고 있었다"(김경일,《근대를 살다: 한국 근대의 인물과 사상》, 331쪽)라고 평가했다.

이재유는 일제강점기에 활동한 사회주의 운동가다. '삼수갑산'이라는 말이 있을 정도로 험한 개마고원 산골인 함경남도(현

량강도) 삼수군의 화전민 집안에서 태어난 이재유는 젊은 시절부터 학생운동과 노동운동에 참여하며 일제의 요시찰 인물, 이른바 '불령선인'이 되었다. 이재유는 1930년 11월 조선공산당 관련 활동에 따른 치안유지법 위반 혐의로 3년 6개월 형을 선고받았다. 1933년 12월 만기 출소한 뒤 이현상(李鉉相), 김삼룡(金三龍) 등과 함께 조선공산당 재건을 위해 노력했는데 미야케를 알게 된 것은 이즈음이었다. 그 뒤 미야케와 이재유는 1934년 1월 중순까지 여러 차례 만나 조선에서 사회주의 운동이 직면한 당면 과제와 향후 운동 방침을 논의해 정리하는 작업을 함께했다. 하지만 이들의 만남은 그해 1월 하순에 이재유가 경찰에 체포되면서 중단되었다. 그런데 그해 4월 14일 이재유는 서대문경찰서를 탈출하는 데 성공했다. 경찰의 추격을 뿌리치기 위해 은신처를 찾던 이재유가 숨어든 곳이 미야케가 살던 동숭동 관사였다.

이재유와 미야케,
그 운명적 만남과 고난

미야케는 자신을 믿고 찾아온 이재유를 경찰에 신고하거나 쫓아내지 않았다. 대신 응접실에 딸린 다다미방 아래 굴을 파고 이재유를 숨겨주었다. 미야케와 그의 아내 미야케 히데(三宅秀子)가 함께 한 달가량 이재유를 보살폈다. 하지만 일제 경찰의 집요한 추적 끝에 5월 21일 미야케는 체포되고 말았다. 미야케의 공소 사실은 다음과 같다.

"1933년 12월 이래 1934년 5월경까지 경성에서 공산주의자 이재유와 함께 조선의 독립 및 공산화를 목적으로 그 실행에 관해 협의하고 또한 모스크바 동방노력자공산대학 출신인 권영태와 함께 경성을 중심으로 하여 적색노동조합을 조직할 것을 협의하고 또한 이재유를 약 4개월간 관사의 마루 밑에 잠복시켜 범인을 은닉."

미야케는 1934년 12월 경성지방법원에서 치안유지법과 출판법 위반, 범인 은닉죄 혐의로 3년 형을 선고받고 서대문형무소에 투옥되었다. 아내 역시 범인 은닉죄 혐의로 조사를 받은 끝에 기소유예 처분을 받았다.

미야케는 1934년 10월 사상 전향서에 해당하는 '감상록'을 경성지방법원 재판정에 제출했다. 이 덕분에 미야케는 만기 출소를 11개월 남겨둔 1936년 12월 25일 가석방될 수 있었다. 전향 제도는 일본 공안 당국이 공산당을 탄압하는 수단으로 적극 활용했는데, 반정부 활동을 했던 사상범이 자신의 과거 활동을 스스로 비판하고 "천황 폐하를 살아 있는 신으로서 예배의 대

미야케가 연루된 조선공산당재건동맹 사건을 전면 보도한 신문 기사.

출처: 《동아일보》, 1935년 8월 24일

상"으로 인정하도록 하는 데 초점을 맞췄다. 한마디로 "천황 폐하 믿습니다"라고 외치면 풀려나고 거부하면 더 가혹한 처벌이 기다리고 있으니 눈 딱 감고 머리를 숙이라는 요구였다. 물론 전향해서 풀려나더라도 모든 문제가 해결되는 것은 아니었다. 친인척과 친구들뿐 아니라 직장과 지역 사회에서 배척받는 등 경제적 고립과 사회적 배제를 겪어야 했다. 무엇보다 전향을 했다는 것 자체가 자신에게 주는 좌절감과 모멸감을 통해 패배주의에 빠지게 만드는 효과를 무시할 수 없었다. 사실 어쩌면 이것이야말로 전향 제도의 진정한 목적이 아니었을까 싶다.

일본은 사상 전향에 관한 오랜 역사와 노하우를 갖고 있었다. 대표적인 것이 전국시대 말기 일본에 전파돼 교세를 확장하던 가톨릭을 전면 금지했을 때 에도막부가 썼던 방법인 '후미에(踏み絵)'다. 영화 〈사일런스(Silence)〉(2016)에서 생생하게 묘사하고 있듯이, 예수나 성모 마리아를 새긴 목판이나 금속판을 바닥에 놓고 발로 밟고 지나가게 시켜서 가톨릭 신자를 가려내는 방법이다. 눈 딱 감고 밟으면 아무 일 없다. 하지만 이런 행위를 통해 가톨릭 신자에게 자괴감과 부끄러움을 강제하고 결국 후미에를 거부하다 죽거나 죄책감에 신앙을 포기하게 만든다.

미야케는 1934년 6월 9일 경성제국대학에서 휴직 처분되었고 다음 해 1월 9일 자로 면직 처리되었다. 이제 미야케 부부는 당장 생계를 걱정해야 하는 상황에 빠졌다. 미야케의 아내는 남편이 감옥에 있는 동안 미야케의 조선인 제자들과 조선인 동지들 도움으로 명치정 2정목(현 서울 중구 명동)에 '가메야(龜屋)'라는 고서점을 열었다. 출옥한 뒤 미야케는 조선에서 쫓겨나 1937년 1월 일본으로 돌아갔다. 사상범 딱지로 '미친놈' 취급을 받으며 따돌림을 당하는 데다, 이른바 특고(특별고등경찰)의 감시까지 받느라 학계 복귀는 고사하고 제대로 된 일자리조차 구하기 힘들었던 미야케는 고물상이나 신문판매점으로 생계를 유지해야 했다. 2차 세계대전에서 일본이 패망하고 나서야 대학으로 돌아갈 수 있었다. 먀야케는 기후단기대학(岐阜短期大学), 도요대학(東洋大学), 도호쿠가쿠인대학(東北学院大学) 등에서 교수로 재직하다가 1982년 세상을 떠났다.

고문보다 더 미야케를 괴롭힌
사상 전향이라는 올가미

미야케의 삶에서 눈여겨봐야 할 대목은 '전향' 이후 행적이 아닐까 싶다. 출옥 이후는 그렇다 치더라도 일제가 패망하고 학교로 복귀한 뒤로도 미야케는 대외 활동을 거의 하지 않았다. 일본공산당이나 사회당 혹은 시민 단체 활동조차 확인할 수 없었다. 전향, 곧 동지들을 배신했다는 마음의 짐이 그를 짓눌렀던 것은 아닐까 하는 짐작이 든다. 그런 면에서 본다면 전향이라는 제도의 악랄함과 저열함은 자존감을 무너뜨리고 패배 의식과 모멸감으로 신념까지 접게 만드는, 인간이란 존재를 사회적으로 말려 죽이는 데 있지 않을까 하는 생각이 들지 않을 수 없다.

대한민국이 일제의 유산인 전향 제도를 반세기 넘게 정부 차원에서 적극 활용했다는 데 생각이 미치면 미야케가 감당해야 했을 고통이 예사롭게 느껴지지 않는다.

미야케에 대한 연구 논문을 발표하기도 했던 김경일(한국학중앙연구원 명예교수)은 "민족해방과 독립운동을 위한 방도나 수단은 무장 투쟁에서부터 자력 자강, 실력 양성, 문화 운동, 경제 활동이나 교육 등에 이르기까지 다양한 길이 있으며, 각각은 그 장점과 바로 그로 인한 한계를 가지고 당시 조성된 환경 아래에서 상호작용하면서 자신의 좌표와 위상을 잡아나갔다"라면서 "미야케는 비록 일정한 한계는 있었다 하더라도 식민 지배층의 최상층 지식인 엘리트로서 조선인의 민족해방과 한국의 독립을 위해 자신의 젊음을 바치고 삶을 희생한 사실은 여전히 제대로 평가받지 못하고 있는 다른 일본인들이나 외국인들과 함께 기억되어야 한다"라고 강조했다.

미야케와 비슷한 시기에 서대문형무소에 수감되었던 이소가야 스에지는 회고록 《우리 청춘의 조선》에서 미야케를 이렇게 언급했다.

"미야케 교수는 조선 민족에 대한 일본의 식민지 지배의 죄를 보상하고 싶은 생각으로 한 사람의 조선인 사상범을 특고 경찰의 마수로부터 지키려고 집에 은닉하여 처벌을 받았던 것이다."

연보

- 1899년 일본 오사카에서 출생
- 1920년 도쿄제국대학 경제학부 입학
- 1927년 경성제국대학 법문학부 조교수 부임
- 1929년 독일 등에서 재외 연구
- 1931년 재외 연구 후 귀국
- 1933년 이재유와 만남
- 1934년 이재유 은닉죄로 구속 수감
- 1936년 가석방
- 1937년 일본으로 귀국
- 1982년 사망

5장

중국인 리수전으로 태어나
한국인으로 죽다

이숙진

햇빛 찬란한 가을날 열린
유해 봉안식

서울 용산구 효창공원으로 들어가서 오른쪽으로 방향을 틀면 임정요인묘역이 나온다. 대한민국임시정부에서 중요한 역할을 했던 이동녕(李東寧, 1869~1940), 차리석(車利錫, 1881~1945), 조성환(曺成煥, 1875~1948) 세 분이 묻혀 있다. 이곳에서 2024년 9월 30일 오전 특별한 행사가 열렸다. 가을이라곤 하지만 폭염 뒤끝이라 꽤 무더웠다. 청사(晴簑) 조성환의 부인, 이숙진(李淑珍, 1900~1964; 중국명 리수전) 묘에서 모셔 온 유해를 조성환 묘에 합장했다. 유해를 담은 항아리를 묘 한쪽에 넣은 뒤 유족들을 비롯해 봉안식에 참석한 사람들이 흙을 채워 넣었다. 그렇게 독립운동을 함께했던 부부는 유골이나마 다시 만났다. 이숙진이 사망한 지 꼭 60년 되는 해에 이루어진 자리였다. 60년 동안 이숙진 유해가 묻혀 있던 곳을 직접 찾아가봤던 필자로서도 감회가 새로울 수밖에 없었다.

유해 봉안식이 열리기 반년 전인 4월 26일이었다. 북한산 우이역에서 방학동 쪽으로 난 도로를 10분쯤 걷다가 중간에 산길로 방향을 잡아 한참 올라가니 천주교 혜화동교회 방학동묘원 관리사무소가 나왔다. 관리사무소에서 조주현 부부를 만났다. 국가보훈부 소개로 만난 조주현은 이숙진의 양손녀였다. 함께 묘원 안쪽으로 들어갔다. 묘원도 그렇지만 무덤마다 철조망을 얼기설기 둘러친 것이 눈에 띄었다. 멧돼지가 무덤을 파헤치는 것을 막기 위한 궁여지책이라고 했다. 아닌 게 아니라 멧돼지가 무덤 봉분을 헤집어놓은 흔적을 곳곳에서 볼 수 있었다. 오솔길을 따라가다 길을 잘못 들어 헤매기를 여러 번 한 끝에 조그만 무덤 앞에 도착했다.

일행 없이 혼자 찾아왔다면 도저히 발견하기 불가능했을 만큼 외진 곳에, 묘비는 물론이고 알림판조차 없었다. 봉분도 세월이 오래된 탓인지 낮아질 대로 낮아져서 무덤이 있다는 것을 모르고 밟고 지나갈 수도 있을 것 같았다. 천주교 혜화동교회에서 방학동묘원을 조성한 뒤 도봉산이 국립묘지에 포함되면서 시설물 설치가 불가능해졌다. 묘비를 세우는 것은 고사하고 나무를 베어내는 것조차 규제를 받다보니 무덤을 번듯하게 관리할 수

2024년 9월 30일 효창공원에서 열린 이숙진 여사 유해 봉안식.
출처: 저자

가 없었다.

조주현은 무덤 앞에서 감회에 젖었다. 할머니를 제대로 모시지 못하는 것이 마음에 걸린다며 눈시울을 붉혔다. 할머니 이름은 이숙진. 리수전이라는 중국인으로 태어나 이숙진이라는 한국인으로 세상을 떠났다. 세상을 떠난 지 수십 년 만인 2017년 독립운동 공로를 인정받아 국가유공자로 서훈을 받았다. 피한 방울 섞이지 않았지만 초등학교 3학년까지 한 방에서 함께 살다보니 친할머니보다 더 정이 절절하다고 했다.

베이징에서 독립운동가
조성환과 결혼하다

이숙진(리수전)은 1900년 중국 베이징에서 태어났다. 중국에서 활동한 독립운동가 중에는 중국인과 결혼한 사람이 여럿 있었다. 그중에 독립운동 공로로 국가유공자 서훈을 함께 받은 부부가 두 쌍 있는데 조성환과 이숙진 부부, 김성숙과 두쥔훼이 부부(6장 참조)다. 모두 독립운동에 수십 년간 헌신했지만 결정적인 차이도 있다. 두쥔훼이는 해방 뒤 세 자녀와 함께 중국에 남았고 부부는 다시 만나지 못했다. 반면 이숙진은 남편을 따라 낯설기 짝이 없는 외국으로 향했다. 자세한 기록이 남아 있지는 않지만 이숙진과 조성환은 나이 차이가 25살이나 되었다는 것을 비롯해 여러모로 흔치 않은 부부였다.

조성환은 1875년 경기도 여주시 대신면 보통리에서 태어났다. 현재 여주시에서 복원한 '보통리 고택'이 조성환 집안이 대대로 살던 곳이었다. 그만큼 명문가였고 재산도 풍족했다. 조성환은 1900년 11월 대한제국 육군무관학교 2기생으로 수학하며 군인의 길을 걸었다. 조주현이 집안 어른들한테 듣기로 조성환은 젊은 시절 두 팔로 지붕 처마를 붙잡고 한옥 이쪽 끝에서 저쪽 끝으로 건너갈 정도로 힘이 셌다고 한다. 나라를 지키는 군

이숙진, 조성환 부부.
출처: 여주박물관

인으로서 망국을 받아들일 수 없었던 조성환은 중국에 청년들을 위한 군사 교육 기관을 설립하자는 신민회(新民會) 방침에 따라 1909년 중국으로 망명했다. 조성환은 1919년 중국 상하이에서 대한민국임시정부가 수립되자 군무부 차장, 임시의정원 의원과 군무부 위원 등을 맡았다. 그해 10월 만주에서 서일(徐一, 1881~1921), 김좌진(金佐鎭, 1889~1930) 등과 함께 대한군정서(大韓軍

政署, 북로군정서)를 조직했으며 무기 확보를 통해 청산리전투 승리에 이바지했다.

조성환은 1921년 10월 베이징으로 돌아와 약 1년간 체류한 뒤 만주에서 무장 투쟁을 이어갔다. 이숙진과 결혼한 것은 이 무렵이었다. 주한중화민국대사관에서 발급한 신원증명서에는 두 사람이 1921년 10월 25일 결혼한 것으로 되어 있다. 이숙진의 부친 리더하이(李德海)는 1937년 열린 대한민국임시정부 요인 송병조의 회갑연 기념사진에 조성환·이숙진 부부와 함께 등장하는 것으로 보아 독립운동을 후원하던 중국인 인사였던 것으로 보인다. 조주현의 증언에 따르면 이숙진은 조성환의 비서로 일하면서 중국어를 가르치는 과외 선생 역할을 하며 인연을 맺었다고 한다. 외출하거나 할 때는 일본 경찰 검문에 걸릴 때를 대비해 이숙진이 항상 권총을 몸에 지니고 다녔다고 한다.

임시정부는 중일전쟁 이후 일제 감시망을 피해 여러 곳으로 이동한 끝에 충칭(重慶) 치장현(綦江縣)에 정착했다. 치장현으로 이동할 당시 중국 당국에 외교조사표(外僑調査表)를 제출했는데, 이 자료에 이숙진이 1935년 김구 등이 결성한 한국국민당 소속으로 등장한다. 흥미로운 점은 이숙진이 중국인이 아니라 한국인으로 분류되어 있다는 것이다.

임시정부에서 함께 활동했던 양우조(楊宇朝, 1896~1964), 최선화(崔善嬅, 1911~2003) 부부는 딸을 키우며 쓴 육아 일기인《제시의 일기》(혜윰, 1999, 51쪽; 우리나비, 2019, 54쪽)에서 "[1939년 4월 임시정부 가족들이 치장현에 도착했을 때] 조성환과 차리석이 먼저 도착하여 시내에서 조금 떨어진 곳에 100여 명이 묵을 수 있는 큰 집 한 채를 얻어 놓았으며, 시내와 보다 가까운 곳에는 따로 방 몇 개를 구하여 요인들의 숙소로 정했는데, 한쪽에는 청사 내외가 사용했다. 반대쪽 방에는 김의한과 정정화 식구가 자리를 잡았다"라는 증언을 남겼다.

남편인 성엄(省俺) 김의한(金毅漢, 1900~?)과 함께 대한민국 임시정부에서 활동했던 여성 독립운동가인 정정화(鄭靖和, 1900~1991)가 쓴 회고록《장강일기(長江日記)》에는 이런 증언도 등장한다. "청사의 부인은 중국 사람으로 이름은 이숙진이었는데 우리말도 잘하고 우리 풍습과 예절에도 밝았다. 나와는 동갑이었으나 성엄이 청사를 형님이라고 불렀으므로 나도 이 부인을 언니라고 부르며 절친하게 지내는 사이여서 청사는 서안으로 떠나기 전에 나에게 아내를 잘 돌봐달라고 거듭 부탁하였다."(정정화,《장강일기》, 171쪽)

부부가 함께
임시정부에서 활동하다

조성환은 1930년대부터 대한민국임시정부에 합류해 활동했다. 1932년 임시정부 국무위원으로 선출되었으며, 1935년에는 임시정부 군무장으로서 군사 업무를 총괄하기 시작했다. 오랜 노력 끝에 1940년 9월 충칭에서 한국광복군을 창설했다. 특히 조성환은 끈질긴 교섭 끝에 한국광복군의 통수권을 1944년 확보하는 데 공헌했다. 1940년 한국국민당, 한국독립당, 조선혁명당이 충칭에서 한국독립당으로 통합했다. 1944년 3월에 작성된 당원 명단에 이숙진 이름이 보인다. 이숙진은 한국독립당 산하 여성 단체로 생긴 한국혁명여성동맹에도 참여했다. 한국혁명여성동맹은 한국독립당 여성 당원이 주로 가입했으며, 독립운동가 자녀들에게 한글을 가르치는 등 교육 활동도 했다.

해방 후 임시정부 요인들이 귀국할 때 찍은 기념사진에 조성환과 이숙진의 모습이 보인다. 두 사람은 제2진에 속해 1945년 12월 1일 전북 군산으로 귀국했다. 국내로 돌아온 뒤 조성환은 한국독립당이 주도한 여러 활동에 참가했다. 1948년에는 김구, 김규식, 김창숙, 조소앙, 조완구, 홍명희 등과 함께 남한 단독 총선거에 반대한다는 '7거두 성명'에도 함께했다. 하지만 조성환은

한국혁명여성동맹 창립총회 기념사진.
출처: 국사편찬위원회 한국사데이터베이스

이즈음 건강이 급격히 나빠져 1948년 10월 7일 세상을 뜨고 말
았다.

그의 장례식은 대한제국 군대 병영이었던 훈련원에서 사회
장으로 7일간 치러졌으며, 당시 부통령이었던 이시영이 장의위
원장을 맡았다. 상주는 조규택이었다. 장례식에는 김구, 김창숙,
유림 등 임시정부를 대표하는 인사들이 제문을 직접 작성해 낭

독했다. 김구는 제문에서 "약관의 나이부터 이미 애국운동에 희생적 분투를 개시한 이래 일생을 통하여 쉼 없이 활동을 계속하였으니 동지는 과연 조국 광복을 위하여 살았고 조국 광복을 위하여 죽었도다"라고 추모했다. 조성환은 서울 용산구 효창공원에 마련된 임정요인묘역에 묻혔다. 정부는 1962년 건국공로훈장(현 건국훈장) 대통령장을 추서했다.

남편 사망 후
가난으로 힘든 말년을 보내다

지금 기준으로 보면 매우 낯설겠지만 조성환은 이숙진과 결혼할 때 이미 기혼자였다. 다시 말해 조성환에게 이숙진은 두 번째 부인이었다. 조성환은 1909년 중국으로 망명할 당시 부인 조순구(1876~1952)와 동행했고 1912년 딸 조연경이 태어났다. 유일한 혈육이던 조연경은 1931년 4월 중국에서 세상을 떠났다. 1932년 7월에는 부친 조병희를 모시고 살던 조성환의 유일한 형제 조정환이 세상을 떠났다.

명문가 후예로서 유교적 가치관이 강할 수밖에 없었던 조성환은 후사를 잇기 위해 1933년 10월 충북 충주에 살던 친척 조동환의 아들 조규식을 양자로 삼았다. 조규식은 1936년 이상순과 결혼해 조은옥(증현), 조재현, 조장현을 낳았다. 하지만 조규식은 1942년 중국 충칭에서 숨을 거두었고, 1941년 12월 태어난 조장현도 1944년 어린 나이에 사망했다. 조성환으로서는 후사가 끊기는 상황을 막기 위해 1948년 5월 황해도 신계군에 살던 집안 조카인 조규택을 두 번째 양자로 들였다. 이를 통해 조규택은 조성환과 이숙진의 아들로 입양되었다. 그리고 5개월 뒤 조성환이 세상을 떠났다.

여주박물관 자료에 따르면 조성환 사망 뒤 유족들은 경제적으로 상당히 힘든 시기를 보내야 했다. 조성환과 막역한 사이였던 신익희(당시 국회의장)는 조카이자 비서인 신창현에게 "그 양반에게 양자가 있더라. 그런데 아주 섧게 울더구나"(신창현, 《내가 모신 海公 申翼熙先生》, 882쪽; 황선익, 〈조성환을 통해 보는 대한민국 임시정부 요인의 家族事와 葬儀〉, 236쪽에서 재인용)라며 눈시울을 적셨다고 한다. 유족들은 신익희를 찾아가 "집 한 칸, 쌀 한 톨 없이 앞으로 생계가 막연하니 방 하나와 삯바느질이라도 하게 재봉틀 하나만 마련해주십시오"라고 부탁했다. 이에 신익희와 이범석(당시 국무총리), 이시영(당시 부통령) 등이 주도해 각계에서 의연금 150만 원과 재봉틀 두 대를 구해주었고, 유족들은 그 뒤 서울 성북구 돈암동에 거처를 마련했다. 돈암동 집에는 조성환의 모친과 두 부인(조순구, 이숙진), 거기다 조규택 가족이 함께 살았다. 조규택은 최현금과 결혼해 슬하에 조주현, 조우현, 조일영을 낳았다. 맏손녀인 조주현은 "어머니가 당시 시집살이가 고되었다. 시어머니가 두 명인 데다 시할머니까지 모셔야 했다"라고 말했다.

자신이 선택한
조국 산하 가톨릭 묘지에 묻히다

조주현의 증언에 따르면 이숙진은 임시정부에서 함께 활동했던 엄항섭이나 조소앙, 안재홍 같은 임시정부 인사들의 부인들과 친했다고 한다. 조주현은 "집에 모여서 함께 밥도 지어 먹고 서로 형님 아우님 하면서 어울리곤 했다"라면서 "할머니는 그분들 집에 갈 때 큰손녀인 나를 데리고 다니곤 했다. 그분들이 나를 예뻐해서 먹을 것도 주고 용돈도 주곤 했다"라고 기억했다.

조주현은 초등학교 3학년 겨울방학까지 이숙진과 한 방에서 함께 지냈다. 이숙진은 아침에 일어나면 그날 운세를 점치는 것으로 하루를 시작했다고 한다. 조주현은 "화투로 점을 치는 방식이었다"라면서 "담배도 많이 피우는 골초였다. 할아버지도 세상을 떠나고 이역만리에서 사느라 많이 외롭지 않았을까 싶

천주교 혜화동교회 방학동묘원에 있는 이숙진 여사 무덤 앞에 선 양손녀 조주현, 권영복 부부.

다"라고 말했다. 그는 "할머니는 중국 이야기나 고향 이야기는 일절 하지 않았다"라면서 "동네 사람들이 우리 집을 가리켜 '중국 할머니네 집'이라고 부르곤 했다. 나는 어린 마음에 '왜 중국 할머니냐, 한국 할머니다'라고 소리치곤 했다"라고 회상했다.

한국전쟁으로 피난 간 부산에서 조성환의 첫 번째 부인 조순구가 1952년에, 조성환의 어머니 무송 윤씨가 1953년에 연달아 세상을 떠났다. 이숙진은 11년 뒤인 1964년 1월 23일 세상을 떠났다. 생전에 가톨릭 신자였기 때문에 천주교 혜화동교회 방학동묘원에 안장했다. 중국인 신부가 집으로 찾아와 장례식을 주관했다고 한다. 남은 가족이 돈암동에 살 때는 성묘를 가곤 했지만 이사를 간 데다 이숙진의 양자인 조규택도 세상을 떠나면서 무덤 위치조차 제대로 기억하는 사람이 없게 되었다.

그러다 2018년 경기 여주시에서 조성환 생가였던 보통리 고택 복원을 추진하면서 조성환 관련 연구를 하던 황선익(국민대 국사학과 교수)이 조주현 부부를 찾아왔다. 할머니에 대해 몰랐던 사실도 알게 되고 함께 수소문한 끝에 할머니 묘도 찾게 되었다. 조주현의 남편인 권영복은 "관리사무소를 찾아가서 수십 년간 미납한 관리비를 한꺼번에 납부했다. 관리대장에서 묘 위치를 확인하고 나서도 실제 묘를 찾는데 한참을 헤맨 끝에 할머니 묘를 찾을 수 있었다"라고 말했다. 그 인연이 이어져 그때까지 소중하게 보관해왔던 조성환, 이숙진 부부 유물을 모두 여주박물관에 기증했다.

황선익은 "이숙진은 남편과 함께 대한민국임시정부에서 열정적으로 활동했다. 임시정부 관계자 가운데 이숙진한테 신세를 지지 않은 사람이 한 명이라도 있을까 싶다"라고 강조했다. 그는 "양아들로 입양된 조규택이 전쟁과 가난 속에서도 조성환 유물을 끝까지 잘 보관한 덕분에 여주박물관에서 조성환, 이숙진 두 사람의 독립운동을 우리가 살펴볼 수 있게 되었다는 것도 잊지 말아야 한다"라고 덧붙였다.

　정부는 2017년 제98주년 3·1절을 기념해 이숙진에게 건국
훈장 애족장을 추서했다. 조주현 부부는 이숙진을 국립현충원
으로 이장하고 싶었다. 하지만 '외국인'이라는 이유로 국립현
충원에 안장할 수 없다는 답변을 들어야 했다. 권영복은 "중화
민국 정부가 발행한 혼인증명서는 있는데 한국 관공서에 호적
을 올리지는 못했다는 이유로 '외국인이라 안 된다'는 답을 들었
다"라며 안타까워했다. 조성환의 생가가 있는 여주시로 이장하
는 것도 알아보다가 결국 부부 합장이 가능하다는 국가유산청
답변을 받으면서 유해 봉안과 부부 합장이 이루어질 수 있었다.

　조주현은 "할머니는 임시정부에서 함께 활동했던 신익희와
친분이 있었다. 신익희가 출마했다고 해서 투표를 했다는 얘기
를 들은 적도 있다"라면서 "할머니는 중국인으로 태어났지만 한
국의 독립을 위해 싸웠고 한국으로 건너와 한국인으로 살다가
돌아가셨다"라고 강조했다.

연보

- 1900년 베이징에서 출생

- 1921년 조성환과 결혼

- 1932년 조성환 임시정부 국무위원 선출. 부부가 함께 임시정부 활동

- 1945년 광복 이후 조성환과 함께 한국에 정착

- 1948년 집안 조카인 조규택을 양자로 입양. 조성환 사망

- 1949년 주변 도움으로 서울 돈암동에 거처 마련

- 1964년 사망. 천주교 혜화동교회 방학동묘원에 안장

- 2017년 건국훈장 애족장

- 2024년 효창공원에 부부 합장 봉안

6장

국경을 넘은 사랑,
국경에 막힌 가족

두쥔웨이

중산대학 1기 입학한
엘리트 신여성

    일제강점기 독립운동가와 결혼해 함께 독립운동 참여해
국가유공자 서훈을 받은 중국인이 2명 있다. 한 사람은 앞에
서 언급한 리수전(이숙진)이고, 다른 한 사람이 두쥔훼이(杜君慧,
1904~1981)다. 국내에서는 이름을 아는 사람이 거의 없을 정도
로 낯설지만 두쥔훼이는 독립운동가 운암(雲巖) 김성숙(金星淑,
1898~1969)과 결혼한 뒤 함께 대한민국임시정부에서 활동하며
한중 연대에 기여한 독립운동가였다. 광복 이후에는 세 자녀
와 함께 중국에 남았고 베이징에서 중학교 교장 등으로 일하다
1981년 사망했다. 정부는 2016년 광복절에 두쥔훼이에게 건국
훈장 애족장을 추서했다.

    두쥔훼이는 1904년 중국 광둥성(廣東省) 광저우(廣州)에서 태

두쥔훼이.
출처: 운암김성숙선생기념사업회

어났다. 지금도 그렇지만 광저우는 경제와 교통의 중심지였다.
청나라 시절에는 아편 밀수의 창구가 되면서 아편전쟁의 도화
선이 되었던 곳이기도 했고, 홍콩과 가까운 이유도 있어서 최신
국제 정보나 급진적인 정치사상이 일찍 밀려오는 곳이기도 했
다. 광저우를 혁명정부 근거지로 삼은 쑨원은 1924년, 2년 뒤
중산대학(中山大學)으로 이름을 바꾼 광둥대학(廣東大學)을 설립했
는데, 두쥔훼이는 제1기 여학생으로 입학했다. 당시 이 학교에

는 의열단원을 비롯한 독립운동가들도 많이 다녔다고 한다. 봉건적 사고방식에서 벗어나 있고 딸들을 교육시키는 데 거부감이 없던 두쥔훼이 부친은 딸에게 일본어 과외 선생도 붙여주었는데, 그 과외 선생으로 두쥔훼이 집에 드나들었던 사람이 김성숙이었다.

미국인 작가 님 웨일스가 항일혁명가 김산의 일대기를 기록한 《아리랑》에서 김산은 김성숙과 두쥔훼이에 대한 생생한 증언을 여럿 남겼다. 그도 그럴 것이 이 책에서 김충창이라는 가명으로 등장하는 김성숙은 김산이 자신에게 가장 큰 영향을 준 사람으로 꼽은 사람이었기 때문이다. 김산은 김성숙이 금강산에서 스님 노릇을 했다고 소개하며 "금강산에서 온 붉은 승려"로 표현하면서, "[김성숙은 나에게] 가장 큰 영향을 준 사람"(님 웨일즈·김산, 《아리랑》, 149쪽)인 동시에 "나를 공산주의자로 만든 사람"(님 웨일즈·김산, 《아리랑》, 192쪽)이라고 말했다.

김성숙은 평안북도 철산군에서 태어났다. 집안 형편이 어려워 학교에 가지 못하고 1908년 10세 때 마을 유지들이 세운 대한독립학교에 들어가 공부했다. 이 학교는 항일 애국 정신을 강조하며 목총으로 군사 훈련까지 시켰는데 김성숙이 나팔수로 뽑혀 대열 앞에서 행진했다고 한다. 독립운동에 참여할 결심을 한 김성숙은 만주에 있는 신흥무관학교(新興武官學校)에 입학할 계획을 세운 뒤, 1916년 부모가 땅을 판 돈 300원을 몰래 훔쳐서 가출했다. 하지만 중간에 일본 헌병에게 붙잡혔다.

1910년부터 1919년 3·1운동까지를 흔히 '헌병 정치' 시기라고 한다. 당시 헌병들은 민간인을 대상으로 한 경찰과 검사 노릇뿐 아니라 비밀 정보기관 역할까지 맡으며 식민지에서 공포의 대상이 되었다. 헌병에게 붙잡히면 일단 경찰서로 끌려가 고문부터 당하는 게 비일비재하던 시절이었다. 다행히 김성숙은 탈출에 성공해 경기도 양평군에 있는 용문사로 출가했다. 용문사와 2년 뒤 옮겨 간 광릉 봉선사에서 수행하며 불경을 연구하는 한편으로 현대 철학과 일본어를 열심히 공부했다고 한다.

1919년 3·1운동이 일어나자 동료 승려들과 함께 적극적으로 참여했다가 붙잡혀 서대문형무소에서 1년 2개월간 옥고를 치렀다. 김성숙에 따르면 "1922년에 다른 젊은 승려 5명과 함께 정치 활동을 해나갈 자유가 있는 베이징으로 건너갔다." 이 가운데 3명은 승려에서 공산주의자가 되었으며 나머지 3명은 "혁명이란 도무지 잠꼬대 같은 소리라며 금강산으로 되돌아갔다."(님 웨일즈·김산, 《아리랑》, 194쪽)

무 씹어 먹는 '금강산 붉은 승려'와
사랑에 빠지다

김산은 김성숙을 처음 만났을 당시를 이렇게 기억했다. "그 사람에 대해 들은 것은 조선 YMCA에서 열린 학생들의 회합에서였는데, 즉각 그의 인품에 강한 흥미를 느꼈다. 그는 검은 안경을 끼고 있었으며 나이보다 늙어 보였다. 그는 날카롭고, 아주 지적인 정신력을 내뿜는 사람이었으며, 뛰어난 미남이었다. 그 당시 공산주의자와 민족주의자 간의 투쟁이 첨예하게 벌어지고 있었는데, 김충창은 공산주의자 편이었다. 이론적으로 확실한 기초를 가진 사람은 김충창뿐이었으므로 그는 언제나 상대방을 압도했다. 서로 이야기를 나누는 가운데 우리 사이에는 평생 변치 않을 우정이 싹트기 시작했다. 나는 김충창이 매우 비범한 사람이라는 것을 알았다."(님 웨일즈·김산, 《아리랑》, 192~193쪽)

1926년 김산과 김성숙은 혁명 근거지로 부각되면서 많은 독립운동가가 모여들던 광저우로 활동 무대를 옮겼다. 김성숙과 두쥔훼이가 사랑에 빠진 것이 이즈음이었다. 운암김성숙선생기념사업회 홈페이지에 두쥔훼이와 김성숙이 처음 만날 당시 에피소드가 둘째 아들 두젠의 증언으로 실려 있다.

"아버지는 그때 어머니의 집에 와서 생무가 있는 것을 보고 그냥 씻어 생것을 그대로 잡수셨습니다. 그걸 보고 많은 사람들이 이상하게 생각하였습니다. 중국인들은 생식을 하지 않았기 때문입니다. 이런 사람하고 결혼한다고 하니 주변의 많은 사람들이 반대하였습니다. 다행히 외할머니가 매우 활달한 분이었습니다. 외할머니는 늘 어머니를 두둔해주었습니다. 외할아버지께서 어머니의 학업을 지지한 것도 외할머니의 설득이 있었기 때문입니다. 아버지는 투르게네프의 소설 《전야》를 어머니에게 보여주었습니다. 당시 진보적인 사상을 접한 어머니는 피압박 민족의 해방이란 사상을 깨닫기 시작하였고 점차 혁명을 지향하게 되었습니다."

김산은 "1927년 늦여름에 김충창은 연애에 빠져 헤어나질 못하였다. 첫사랑이면서 격심한 연애였다. 상대 아가씨는 중산대학에 다니는 아름다운 광동 아가씨로 대단히 현대적이었으며 부르주아였다"(님 웨일즈·김산, 《아리랑》, 212~213쪽)라고 회상했다. 사랑의 콩깍지가 제대로 씌었던 김성숙은 김산에게 "이전에 중이었던 내가 이게 무슨 꼴인가? 도저히 돌이킬 수가 없단 말이야"(님 웨일즈·김산, 《아리랑》, 213쪽)라며 혁명 활동과 연애 사이에서 괴로워하는 모습을 보이기도 했다. "그는 매일같이 이 아가씨를 데리고 '72열사 광장(1911년 혁명사건 때 전사한 자들을 기념하는 광장)'이 있는 공원으로 갔다. 나를 제외하고 그의 친구들 모두가 이 아가씨와 헤어지기를 바랐다. … 해결책은 아가씨가 도쿄로 유학 가는 것이라고 나는 판단하였다. 아가씨와 김충창도 여기에 동의하여 아가씨는 일본으로 건너갔다. 그러나 그 아가씨는 매일같이 자기 연인에게 편지를 썼고, 석 달 후에는 다시 돌아오고 말았다. 김충창이 3주 동안이나 답장을 보내지 않았던 것이다."(님 웨일즈·김산, 《아리랑》, 213~214쪽) 1920년대 초반, 김성숙이 두쥔훼이와 사랑에 빠지기 직전, 김산과 김성숙이 "조선 혁명가들이 결혼을 해서는 안 된다"(님 웨일즈·김산, 《아리랑》, 186쪽)라며 굳게 결심했던 것을 생각하면 인생이란 항상 아이러니의 연속이라는 생각이 들지 않을 수 없다.

1927년 4월 장제스가 쿠데타를 일으키면서 1차 국공합작이 깨지고 수많은 좌익계 인사들이 투옥되거나 살해되었다. 이에 반발해 일어난 광저우봉기에는 김성숙, 김산, 최용건 등 200명이 넘는 조선인 청년들이 참가했다가 국민당의 유혈 진압으로 봉기가 사흘 만에 실패하면서 막대한 인명 피해를 입었다. 봉기가 실패한 이후 두쥔훼이와 김성숙은 광저우 시내에 숨어 지내며 동지들의 대피를 도왔다. 김성숙과 두쥔훼이도 1928년 광저우를 벗어나 홍콩을 거쳐 상하이로 탈출했다. 두 사람은 1929년 결혼했으며 이후 정치적 동지로서 거의 모든 활동을 같이했다.(문미라, 〈중국인 독립유공자의 한국 독립운동 지원 사례 분석: 황줴, 두쥔훼이, 쓰

뒷줄 가운데가 두쥔훼이와 김성숙 부부, 오른쪽은 임시정부 선전위원 박건웅이다. 앞줄 왼쪽부터 차남 두젠, 장남 두간, 박건웅의 딸이다.

출처: 운암김성숙선생기념사업회

투더를 중심으로〉, 60쪽)

김산은 김성숙이 결혼한 것을 상당히 서운해했다. 결혼해 가정을 갖게 되면 거기에 매여 혁명 활동에 지장이 생길 수밖에 없다고 생각했기 때문이다. 이런 서운한 마음은 여러 곳에서 드러난다. "김충창은 여전히 광둥 출신 부인에게 깊이 빠져 있었으며 두 사람은 아기가 태어나기를 학수고대하고 있었다. … 김충창은 결혼한 후 참으로 많이 변했다. 전에는 아무 데나 자유로이 돌아다녔다. 이 아가씨를 만나지 않았더라면 그는 절대로 뿌리를 내리려 하지 않았을 것이다. 하지만 이제는 자기 집에 틀어박혀서 하루 종일 글 쓰는 일에 만족하고 있었다. 나는 내 가장 친한 친구를 빼앗겨버렸다는 느낌이 들어서 기분이 좋지 않았다."(님 웨일즈·김산, 《아리랑》, 312~313쪽)

이런 태도 때문에 김성숙과 김산은 서로 다툰 적도 있었다. 당시 김성숙은 김산에게 "네가 아가씨를 알게 된다면 나보다도 훨씬 깊이 빠져들 거야"라고 항변했지만 김산은 "나는 절대로 결혼 따위는 안 해요"라고 쏘아붙였다(님 웨일즈·김산, 《아리랑》, 313쪽). 하지만 그랬던 김산조차도 몇 년 뒤 사랑에 빠지고 말았다. 김산은 곧바로 김성숙에게 편지를 썼다. "나는 당신의 낭만적인 난센스를 모조리 용서합니다. 실은 오늘 밤 나는 어느 사람이 저지른 어떠한 일이라도 용서해주고 싶은 심정입니다. 김 형이 내게 한 말이 맞았어요. 유감스럽게도 너무나 정확했어요."(님 웨일즈·김산, 《아리랑》, 341쪽)

"나는 조선의 딸입니다"

김산은 김성숙에 대해 "소음과 행복이 가득 찬 집에서 아주 열심히 일하고 있다"(님 웨일즈·김산, 《아리랑》, 314쪽)라고 말했다. 1935년 김산과 재회한 김성숙은 "내게는 자식이 셋이나 있네. 그리고 나는 가정의 행복에 빠져버린 구제될 수 없는 중년층의 전형일세"(님 웨일즈·김산, 《아리랑》, 449쪽)라고 자신을 표현했다. 하지만 김성숙과 두쥔훼이 부부가 그저 그런 평범한 소시민 부부는 결코 아니었다.

상하이로 이주한 이후 김성숙은 언론 출판과 교육 활동을 비롯해 여러 필명을 사용해 무려 20권이나 되는 책을 집필할 정도로 열심히 일했다. 김산은 당시 상황에 대해 "이곳에서 그는 다른 사람들을 지원해줄 돈을 벌기 위하여 글도 쓰고 번역도 하고 있었다. 만일 그의 활동이 없었더라면 우리 친구들 중에서 당시의 어려웠던 몇 달 사이에 굶어 죽은 사람도 몇 명 나왔으리라"(님 웨일즈·김산, 《아리랑》, 302쪽)라고 증언했다. 김성숙은 1938년 김원봉과 함께 조선의용대(朝鮮義勇隊) 창립에 관여했고 지도위원과 정치부장을 겸임했다. 이후 김성숙은 1942년 임시정부 내무차관, 1944년에는 국무위원으로 활동했다.

두쥔훼이 역시 마냥 평범한 가정주부와는 거리가 멀었다.

김산이 구체적으로 언급하진 않았지만 김성숙의 집필 활동에는 두쥔훼이의 협력도 상당히 크지 않았을까 짐작한다. 거기다 두쥔훼이는 김성숙과 함께 1930년 8월경 중국공산당 산하 중국 좌익작가연맹에 가입했다. 부부가 함께 이 단체에 가입한 것은 매우 특이한 사례였다.(문미라, 〈중국인 독립유공자의 한국 독립운동 지원 사례 분석: 황쥐에, 두쥔훼이, 쓰투더를 중심으로〉, 60쪽) 1935년에는 월간 《부녀 생활(婦女生活)》을 창간하고 《부녀 문제 강좌(婦女問題講座)》를 저술했으며, 그해 상하이에서 설립된 상하이여성구국회(上海婦女救國會)에 조직부장으로 참여하는 등 여성해방 관련 활동을 활발하게 전개했다.

1937년 중일전쟁 이후에는 김성숙과 함께 우한(武漢)과 충칭으로 거처를 옮겨가며 임시정부와 중한문화협회를 비롯한 다양한 조직에서 활동에 참여했다. 두쥔훼이는 1943년 임시정부 외무부 정보과에서도 활동했다. 그런 속에서도 1944년 월간 《직업부녀(職業婦女)》를 창간하고, 1945년에는 중국부녀연의회(中國婦女聯誼會) 상무이사를 맡는 등 여성운동과 문화운동을 이어갔다. 미주 동포를 대상으로 발행한 신문 《독립》에는 두쥔훼이가 쓴 글(1945. 7. 11)이 실려 있다. 이 글에서 두쥔훼이는 "나는 조선의 딸입니다. 나는 조선 민족의 해방을 위하여 투쟁하는 가장 우수한 조선의 자녀들로 더불어 20년 동안이나 일관하게 환란을 두쥔훼이가 《독립》에 기고한 글 〈해외 조선 부녀 동포들에게: 혁명자 후원 사업을 하자〉.
출처: 운암김성숙선생기념사업회

같이하고 생사를 같이하여 오고 있습니다"(문미라, 〈중국인 독립유공자의 한국 독립운동 지원 사례 분석: 황줴, 두쥔훼이, 쓰투더를 중심으로〉, 62쪽)라고 자신을 소개했다.

1945년 꿈에도 그리던 광복은 김성숙, 두쥔훼이 부부에게는 기쁨인 동시에 고통이 되었다. 김성숙은 1945년 12월 임시정부 요인 제2진으로 국내로 돌아왔다. 두쥔훼이는 한국으로 가는 교통편을 마련하지 못해 남편만 먼저 한국으로 떠나고 세 아들 두간(杜甘), 두젠(杜建), 두렌(杜連)과 함께 중국에 남았다. 곧이어 국민당과 공산당 사이에 벌어진 국공내전과 한국전쟁 등 격동의 세월로 한중 인적 교류 자체가 막히면서 두쥔훼이와 김성숙은 꼼짝없는 이산가족이 되고 말았다. 이후 두 사람은 다시는 만나지 못했다. 세 아들이 1950년대에 아버지를 찾아 한국에 왔지만 당시 자유당 정권은 이들을 인천 월미도에 감금했다가 중국으로 추방해버렸다고 한다.

김성숙은 귀국 직후부터 몽양 여운형과 함께 근로인민당을 조직해 중앙위원으로 활동하면서 좌우합작운동을 전개했다. 1946년에는 민주주의민족전선 부의장을 맡기도 했다. 김성숙은 1951년 1·4 후퇴 당시 부산으로 갔다가 '부역자'로 체포돼 1개월간 부산형무소에 갇히는 고초를 겪었다. 1957년에는 혁신 세력의 통합을 추진했다가 국가보안법 위반으로 또다시 6개월간 옥고를 치렀다. 4·19혁명 이후에는 1960년 사회대중당, 1961년 통일사회당에 참여했다. 하지만 곧이어 5·16 쿠데타 이후 '반국가행위' 죄목으로 또다시 10개월간 징역을 살았다. 그나마 임시정부 국무위원을 지낸 독립유공자라는 사실이 참작되어 석방되었다. 1965년 혁신계 정당인 통일사회당 대표위원으로 추대되었고, 1968년에는 신민당 지도위원을 지냈다.

김성숙은 지인들이 비라도 피하라며 지어준 '피우정(避雨亭)'에서 지내다 1969년 4월 12일 세상을 떠났다. 정부는 1982년 김성숙에게 건국훈장 독립장을 추서했고 2004년 국립묘지에 유해를 안장했다. 국가보훈처(현 국가보훈부)는 2008년 4월 김성숙을 '이달의 독립운동가'로 선정했다.

두쥔훼이는 1949년 2월 비밀리에 베이징으로 이동해 제1차 전국여성대표대회에 출석했고, 그해 9월에는 제1차 중국인민정치협상회의(정협)에도 참석했다. 중화인민공화국이 수립된 이후에는 베이징 제2여자중학교 교장(1949년), 베이징 제6중학교 당지부(黨支部) 서기 겸 교장(1955년)을 역임했다. 1956년에는 중국공산당 제8차 전국대표대회에 대표로 참석했다. 1981년 두쥔훼이는 베이징에서 세상을 떠났다.

김성숙과 두쥔훼이가 낳은 세 아들 가운데 첫째 두간은 광둥성 교향악단 지휘자를 지냈고, 둘째 두젠은 베이징대학 중앙미술학원 유화학부 부학장을 지냈으며, 셋째 두렌은 국가발전개혁위원회 고문을 역임했다. 특히 두간의 아들 두닝우(杜寧武)는 미국 뉴욕 줄리어드 음악원 교수를 역임하는 등 세계적인 피

아니스트로 활동하고 있다. 대한민국 정부는 2016년 제71주년 광복절에 두쥔훼이에게 건국훈장 애족장을 추서했다.

연보

- 1904년 중국 광저우에서 출생
- 1924년 광둥대학(이후 중산대학) 1기 입학
- 1928년 김성숙과 함께 상하이로 피신
- 1929년 김성숙과 결혼
- 1930년 중국좌익작가연맹 가입
- 1935년 《부녀생활》 창간. 상하이여성구국회 조직부장 역임
- 1943년 대한민국임시정부 외무부 근무
- 1944년 월간 《직업부녀》 창간
- 1945년 중국부녀연의회 상무이사 역임
- 1949년 베이징 제2여자중학교 교장
- 1955년 베이징 제6중학교 교장
- 1981년 베이징에서 사망
- 2016 건국훈장 애족장

7장

민족 차별 뛰어넘은
제자 사랑과 한일 연대 꿈

죠코 요네타로

식민지 교사가 된
기독 청년

식민지가 되면 나타나는 현상 가운데 가장 눈에 띄는 것 하나가 본국(本國) 혹은 내지(內地)에서 몰려오는 사람들이다. 식민지 조선 역시 예외가 아니었다. 일확천금을 꿈꾸는 일본인들이 조선으로 물밀듯이 건너왔다. 을사늑약(1905) 체결로 외교권을 박탈당해 실질적인 식민지가 되어버린 직후인 1906년에 이미 조선으로 이주한 일본인이 5만 명이었다. 1910년 12만 명을 거쳐 1930년에는 53만 명, 1942년에는 75만 명을 넘어섰다. 일제 패망 시점에는 100만 명을 바라볼 정도까지 늘어났다.

이 일본인들은 대부분 조선에 아예 눌러앉을 생각을 한 사람들이었다. 침략 의지가 있었거나 없었거나 그들은 존재 자체가 '풀뿌리 식민지 지배'를 통해 일본이 조선을 식민지로 통치하는 데 이바지했다. 이 '재조일본인(在朝日本人)'은 식민지 조선을 지배하는 특권 집단으로서 조선인 위에 군림했다. 또한 정치, 경제, 치안 등 모든 영역에서 식민 통치에 적극 협력하는 침략의 첨병 노릇을 했다.

물론 세상일이 다 그렇듯이 예외는 있었다. 학대와 배고픔에 떨던 한 소녀는 조선인 이웃들의 따뜻한 마음에 감동받은 뒤 일본 천황제를 뒤집어엎는 혁명가 가네코 후미코로 역사에 남았다(11장 참조). 함경북도에서 소련군과 대치하는 일본군에서 복무했다가 제대한 뒤 함경남도 흥남시에 있는 공장에 취업한 일본인 노동자 이소가야 스에지는 함께 하숙하던 조선인들과 교류하고 영향받은 끝에 일본인들한테서 '일본 국민이 아니다'는 비난까지 받고 9년이나 감옥살이를 하면서도 끝내 전향을 거부했다(3장 참조).

그리고 여기 평범한 교사를 꿈꾸던 한 일본 청년이 있다. 조선인, 일본인을 구별하지 않고 자신이 맡은 학생들을 잘 가르치고 싶다는 소박한 꿈을 꾸던 이 교사의 이름은 죠코 요네타로(上甲米太郎, 1902~1987)다. 그는 훌륭한 교육자의 길을 가려고 노력하다 그를 교사로 파견했던 일제 당국에 체포되어 옥고를 치러야 했다. 무엇이 기독교인으로서 사랑을 실천하려던 평범한 교사를 시국사범으로 만든 것일까.

한복을 입은 죠코 요네타로.
출처: 고려박물관(高麗博物館), 도쿄

죠코 요네타로는 1902년 에히메현(愛媛縣) 야와타하마시(八幡浜市)에서 농민 집안의 맏아들로 태어났다. 일본 열도는 크게 혼슈, 규슈, 홋카이도, 시코쿠로 이루어져 있는데 에히메현은 시코쿠를 구성하는 4개 현(에히메, 고치, 가가와, 도쿠시마) 가운데 하나로 바다 건너에는 히로시마가 마주 보고 있다. 죠코의 부친은 실험 정신이 강한 사람이었던 듯하다. 자몽을 수입해 귤과 접목하기도 하고 양잠업에도 투자했다. 하지만 러일전쟁(1904) 이후 일본을 휩쓴 불황 여파로 집안이 몰락하고 만다. 먹고살 길을 찾아 그가 선택한 것은 조선이었다. 조선은행에서 근무하는 친동생의 소개로 식구들을 모두 데리고 경남 하동군 진교면 우체국 국장으로 부임했다.

죠코는 학업을 위해 야와타하마 동쪽에 붙어 있는 에히메현 오즈(大洲)의 외갓집에 남았다. 이 선택은 죠코의 일생에 엄청난 영향을 미치게 된다. 외할아버지는 자유민권운동을 주도했던 입헌개진당 소속으로 중의원 선거에서 두 차례나 당선된 인물이었고, 외할머니는 독실한 기독교인이었다. 죠코는 외할머니와 큰이모를 따라 교회를 다녔고 16세에는 세례까지 받았다. 한때 목사가 되는 것을 진지하게 고민했을 정도였다.

죠코는 1920년 오즈중학교(大洲中學校)를 졸업한 뒤 어려운 집안 형편 때문에 상급 학교 진학을 포기하고 조선으로 건너왔다. 오즈는 임진왜란 당시 포로가 되어 일본에서 4년간 지내다 천신만고 끝에 귀국했던 강항(姜沆, 1567~1618)이 머물던 곳이었는데, 이제 300년 뒤 오즈 출신 죠코가 일자리를 찾아 조선으로 오게 된 것이다. 죠코는 경성고등보통학교 부설 임시교원양성소 제8기생으로 입학했다. 상대적으로 월급을 많이 받을 수 있는 교사가 되어 돈을 벌어야 한다는 장남으로서 책임감 때문이었다. 그렇게 먼저 조선으로 이주한 식구들처럼 죠코 역시 생계를 위해 '재조일본인'이 되었다.

죠코는 일기에 당시 심정을 이렇게 표현했다. "사람들이 좋아하지 않는 곳이라도 갈 것이다. 거기에는 그나마 나에게 희망을 주는 길이 있을 수도 있다. … 나도 조선에 가면 쓸모가 있겠지. 아무것도 할 수 없고 게으르고 생활 능력이 없는 겁쟁이에게도 뭔가가 있을 것 같다." 조선을 "사람들이 좋아하지 않는 곳"이라고 표현한 것은 1년 전 일어난 3·1운동 여파로 일본인들이 조선을 위험한 곳으로 여겼던 당시 상황을 반영한다.(오타 치에미, 〈在朝日本人 교사 죠코 요네타로(上甲米太郎)의 생애와 활동〉, 6쪽)

'좋은 교사'도 어쩔 수 없는
민족 차별의 벽

죠코는 1년 과정인 임시교원양성소를 졸업한 뒤 1년간 자원해서 병역을 마쳤다. 당시만 해도 사범학교 졸업생은 병역 의무가 없었는데도 자원 입대할 만큼 국가주의와 병역 의무를 신성하게 생각했음을 알 수 있다. 병역을 마친 죠코가 1922년 처음

부임한 곳은 경남 함안군 함안공립보통학교였다. 5학년을 맡았는데 학생은 42명(여학생 7명, 남학생 35명)으로 12세부터 20세까지 섞여 있었다고 한다. 당시 20세인 죠코와 동갑이 3명이었고 심지어 2명은 기혼자였다. 초기에는 시행착오를 좀 겪었지만 열정을 갖고 학생들을 가르친 덕분에 많은 학생이 상급 학교로 진학했다. 죠코 역시 큰 보람을 느꼈다.

당시 여학생 가운데 가장 성적이 좋고 예뻤다는 김재용(金再用)은 훗날 죠코와 연인 사이로 발전한다. 하지만 두 사람이 일제와 식민지 조선이라는 벽을 넘기는 쉽지 않았다. 무엇보다 일본인들이 겉으로는 '일본과 조선은 하나'라고 외쳤지만 그것은 그저 구호에 불과할 뿐 사귀는 것 자체가 힘들었고, 더구나 결혼은 언감생심이었다. 법적으로도 조선 사람은 일본 국적을 부여받지 못했고 일본 국민이 누리는 권리 역시 당연히 누리지 못했다. 차별은 법과 제도, 정치와 경제는 물론 일상생활 곳곳에 자리 잡고 있었다. 죠코와 김재용이 이어지기는 애초에 쉽지 않은 일이었다. 죠코 역시 주위의 시선 등 현실적인 걸림돌 때문에 괴로워했다. 결국 김재용은 다른 사람과 결혼했다. 불행한 첫사랑은 죠코가 식민지의 구조적인 문제를 인식하는 계기가 된 셈이다.

1924년 가을에 죠코는 경남 합천군에 있는 야로(冶爐)공립보통학교에 부임했다. 작은 학교라 교사는 죠코와 조선인 3명

등 4명뿐이었다. 죠코는 이 학교에서 교사 겸 교장으로 2년간 일했다. 1927년에는 경남 사천군(현 사천시) 곤명(昆明)공립보통학교로 옮겨서 교사 겸 교장으로 일했다. 역시 교사가 죠코를 빼고는 조선인 교사 2명밖에 없을 정도로 작은 학교였다. 죠코는 1928년 10월 전주사범학교 교장의 딸인 후지와라 후미코(藤原文子)와 결혼했다. 하지만 10개월 만에 이혼하고 이듬해 가마하라 마사코(鎌原政子)와 재혼했으며 둘 사이에서 큰아들인 이리이치(伊利一)가 태어났다.

죠코는 교육자로서 아이들을 위해 살아가려는 결심을 굳히고 적극적으로 아이들에게 다가가려고 노력했다. 아이들과 조선어로 대화하고 조선인 집에 하숙하고 그들과 함께 밥을 먹으며 조선어와 문화를 배우려고 노력했다. 이런 노력 덕분에 조선어로 직접 수업을 할 수 있을 정도가 되었다. 당시 시대 상황을 생각해보면 이 모든 것이 흔치 않은 일이었다. 죠코의 일기에는 한때 연인이었던 김재용이 죠코에게 쓴 편지에서 "선생님께서 함안에 있을 때 우리에게 '나는 조선인을 구별하는 것이 제일 싫다'고 말씀하신 것을 어찌 잊을까요"라고 말한 대목이 나온다. 죠코가 평소 어떤 태도로 학생들을 대했는지 잘 드러나는 일화라고 할 수 있다. 학생들도 마음을 열었다. "선생님은 조선인이다. 조선인이 아니면 이렇게 좋은 사람일 수 없다"라고 이야기

할 정도였다.(오타 치에미, 〈在朝日本人 교사 죠코 요네타로(上甲米太郎)의 생애

와 활동〉, 24쪽)

　　죠코는 조선 생활을 시작할 즈음부터 쓴 공책 32권 분량이

나 되는 일기를 남겼다. 일기에는 조선인 학생들을 차별하고 조

선인을 멸시하는 일본인에 대한 불만과 비판 의식이 고스란히

드러난다. 학생과 학부모, 학교 주변 주민을 통해 일제의 농업

정책 때문에 갈수록 피폐해지고 빈곤해지는 조선인 농민의 모

습이 눈에 들어왔다. 더 나아가 일제의 식민지 통치에 대한 회의 감도 느꼈다. 현실의 부조리와 자신의 신념 사이에서 느끼는 모순을 고민하던 죠코는 1928년 무렵부터 점차 사회과학 서적을 탐독했고 일본에서 발행되던 교육 잡지《신흥교육》을 통해 교육운동에 관심을 갖기 시작했다. 당시 죠코는 익명으로《신흥교육》에 투고한 글에서 식민지 교육의 모순을 이렇게 꼬집었다. "아동에 대한 사랑으로부터, 피압박 민족을 해방시키려는 열정으로부터 나온 교육이 조선에서는 행해지지 않고 있다."

인생 학교가 된
서대문형무소 수감 생활

'동양의 페스탈로치'를 꿈꾸며 문명을 전파하겠다는 순진한 소명 의식을 갖고 있던 죠코는 점차 조선인의 행복을 위해서는 조선이 독립해야 하며, 그러기 위해 일본 노동자와 농민이 연대해야 한다고 생각하게 되었다. 그는 교원노동조합 조선지부 결성을 목표로 삼았다. 이를 위해 경성사범학교에 진학한 제자 조판출(趙判出)과 그의 일본인 교우 등과 함께 독서회도 조직했다. 하지만 본격적인 활동에 나서기도 전인 1930년 12월 5일 죠코는 수업 도중 경찰에 체포되었다. 치안유지법 위반 혐의였다.

1929년 시작된 광주학생항일운동에 긴장감이 높아진 일제 경찰이 조선인 학생들의 동향 감시를 강화했는데, 경성사범학교 학생들의 물건을 검사하다가 죠코가 조판출에게 보낸 편지를 발견하면서 조판출이 체포되고, 이어서 죠코가 체포된 것이다. 죠코는 8개월에 걸쳐 혹독한 심문과 수사를 받았다. 그 결과 죠코는 '교원 공산당 사건'의 수괴로 포장되어 재판을 받게 되었다. 죠코는 1932년 12월 징역 2년, 집행유예 4년 형을 선고받은 뒤 출소했다. 육군 소위 출신이고 현직 교장인 일본인이 연루된 사건이 일으킬 파장을 우려한 것이 영향을 미친 것으로 보인다.

당시 일제 경찰은 그렇게 생각하지 않았겠지만 죠코 본인은 자신의 행동이 시국 사건으로 수사를 받을 심각한 반체제 활동으로 비칠 수 있다는 생각 자체를 못 했던 듯하다. 그런데 역설적으로 서대문형무소에 수감된 2년 동안 죠코는 조선인 수감자들과 교류하고 배우면서 진짜 '반체제 인사'로 거듭났다. 물론 직접 활동에 나서지는 못했다. 학교에서 쫓겨나 당장 생계 문제가 심각했다.

죠코는 부산에서 하천 공사 현장 임금 지급 담당자로 3년, 보험 외판원으로 3년, 《경성일보》 진주지국 지국장 겸 주재기자로 3년을 일했다. 그러다 1941년 홋카이도 구시로(釧路)에 있

교원노동조합 사건을 다룬 잡지 글. 죠코를 "조선지부의 책임자"로서 "월급에서 삼십 원만은 자기의 생활비로 쓰고 그 외는 학교에 큰 솥을 걸고 빈궁하여 밥을 굶고 오는 학생에게 밥을 지어서 먹"였다고 소개하고 있다.

출처: 〈누구나 알아두어야 할 세계 대세(世界大勢) 이야기〉, 《별건곤(別乾坤)》, 1931년 9월 1일

는 미쓰이(三井) 계열인 태평양탄광에서 조선인 인부 노무 담당 겸 조선어 통역으로 일하게 되었다. 특이하게도 그를 담당하던 특별고등경찰이 추천해주었다고 하는데, 일본인들 사이에서 '미친놈'으로 불리는 죠코를 멀리 쫓아버리면 골치 아플 일도 없으리라 판단했던 것으로 보인다. 죠코로서는 특별고등경찰의

지시를 거부하기가 힘들었다. 1944년에는 규슈 오무타(大牟田)에 있는 역시 미쓰이 계열인 미이케(三池)탄광으로 옮겨갔다. 탄광에서 일할 당시에도 죠코는 조선인 동료들 편을 들어주다 일본인 상사한테서 '네 전과는 다 알고 있다'는 협박을 받은 적이 있을 만큼 조선인들과 우호 관계를 유지했다. 그런 만큼 일본인들은 그를 백안시했다.

노년에도 꺾이지 않았던
한일 연대와 화해 꿈

1945년 일제가 패전한 뒤에도 죠코는 탄광에서 노동조합 관련 활동을 하다 해고당했다. 그 뒤 규슈 오무타에서 재일조선인이 많이 살던 지역에 머물면서 장사를 하는 한편 재일조선인을 돕는 활동과 미군 기지 반대 투쟁을 이어갔다. 1966년 그가 가족이 있는 도쿄로 이사할 때 열린 송별회에는 200명이 넘는 조선인과 일본인이 모여 이별을 아쉬워했다고 한다. 죠코는 1987년 3월 21일 암으로 세상을 떠났다. 향년 86세였다. 2011년 죠코 요네타로 현창회(上甲米太郎顯彰會)는 죠코의 고향에 "일조 우호에 생애를 바친 사람 죠코 요네타로"라고 기록한 현창비를 세웠다.

　노년에 죠코가 했던 활동 가운데 특별히 눈에 띄는 것은 '김희로 사건' 재판에서 증언을 한 일이다. 김희로 사건이란 재일동포 2세 김희로(金嬉老; 본명 권희로[權禧老])가 차별과 멸시를 참다 못하고 1968년 야쿠자 2명을 살해하고 인질극을 벌였던 사건으로 당시 텔레비전 뉴스로 생중계될 정도로 일본을 떠들썩하게 했다. 죠코가 재판에 증인으로 나선 것은 1971년으로 당시 69세였다. 죠코는 주변의 반대와 만류에도 불구하고 재판정에서 일제강점기 침략과 수탈 역사는 물론 일본 사회의 재일동포 멸시와 그들의 어려운 현실을 증언했다.

　일제강점기를 연구하는 학자들에게 '독립유공자 서훈을 받을 만한 외국인'을 추천해달라고 했을 때 많은 이들이 죠코를 꼽았다. 사실 그때까지만 해도 필자에게 죠코는 이름조차 들어보지 못한 낯선 인물이었다. 하지만 그와 관련한 자료를 접하면서 '세상에 이런 사람이 있었구나' 하며 경탄하지 않을 수 없었다. 오타 치에미(太田千惠美)가 죠코를 주제로 쓴 석사 학위 논문에서 내린 "죠코는 운동가 이전에 조선을 사랑하고 조선인과 함께하려고 한 평범하면서 평범하지 않았던 청년"(오타 치에미, 〈在朝日本人 교사 죠코 요네타로(上甲米太郎)의 생애와 활동〉, 35쪽)이라는 평가가 아깝지 않다.

연보

- 1902년 일본 에히메현에서 출생

- 1920년 조선으로 건너와 임시교원양성소 입학

- 1922년 함안공립보통학교 교사 부임

- 1930년 치안유지법 위반으로 경찰에 체포

- 1932년 서대문형무소에서 집행유예로 출소

- 1941년 홋카이도 탄광 근무

- 1944년 규슈 탄광 근무

- 1971년 김희로 사건 재판에서 재일동포 현실 증언

- 1987년 사망

8장

항일 연대를 실천했던
중국 교육의 선구자

장보링

상하이 주름잡던
영화배우 김염의 소년 시절

　1930년대 중국 상하이에서 슈퍼스타로 활약했던 영화배
우 김염(金焰, 1910~1983; 본명 김덕린[金德麟]), 미국 언론인 님 웨일스
가 쓴 일대기 《아리랑》으로 유명한 독립운동가 김산, 중국 초대
외교부장과 총리를 지낸 저우언라이(周恩來, 1898~1976). 두 사람은
식민지 조선 출신이고 한 사람은 중국인이다. 두 사람은 흔히 혁
명가라 부르는 범주고 한 사람은 예술인이다. 전혀 어울릴 것 같
지 않은 이 세 사람을 하나로 연결하는 두 가지 공통분모가 있다.
　하나는 학맥이다. 세 사람은 같은 학교에 다녔다. 다른 하나
는 셋 모두 이 학교에서 제적당했다. 중국 톈진에 있는 난카이학
교(南開學校)다. 정확하게는 난카이중학교와 난카이대학인데, 흔
히 난카이학교로 묶어서 불렀다고 한다. 먼저 저우언라이를 보

자. 그는 1912년부터 1917년까지 난카이중학교를 다녔고, 일본 유학을 마친 뒤 1919년 난카이대학에 입학했지만 그해 벌어진 5·4운동을 비롯한 학생운동에 참여하다 감옥에 갇히는 바람에 학교에서 제적되었다. 김염은 1925년 난카이중학교에 입학했지만 중국인 학생들과 싸움을 벌인 사건에 연루돼 제적되었다. 김산 역시 김염과 함께 제적당했다.

　사건의 전말은 이렇다. 김염은 난카이학교에서 열린 가을운동회 달리기 시합에 출전했는데 얼마나 잘 달렸는지 다른 선수들을 훨씬 앞질러버렸다. 그때 한 중국인이 이렇게 소리쳤다고 한다. "저렇게 잘 달리는 건 조금도 이상할 게 없지. 저놈들은 왜놈의 주구(走狗)인걸." 얼굴도 잘생기고 노래도 잘 불렀는데 운동까지 잘하니 얄미운 마음이 들었던 건 이해가 된다. 그래도 '주구'라는 말은 선을 넘어도 한참 넘었다. 국립국어원 표준국어대사전에 따르면 주구는 "①달음질하는 개라는 뜻으로, 사냥할 때 부리는 개를 이르는 말, ②남의 사주를 받고 끄나풀 노릇을 하는 사람(=앞잡이)"이다. 인종 차별이자 혐오 표현을 들은 김염은 달리기를 하다 말고 그 중국인에게 달려들었다고 한다. 물론 혼자가 아니었다. 주위에 있던 조선 학생들이 함께 힘을 합쳤다. 이 일로 김염과 동료 조선인 학생 6명이 모두 퇴학당했다 하니 대단히 심각한 상황이 벌어졌던 모양이다. 나라 잃은 설움에 더해 일본 앞잡이라는 소리까지 들었으니 얼마나 분했을지 짐작이 가고도 남는다.

결국 이들은 미련 없이 학교를 때려치우고 톈진을 떠났다. 우여곡절 끝에 상하이로 간 김염은 영화판에서 닥치는 대로 일하며 고생한 끝에 영화배우로 대성공을 거두었다. 1933년 상하이 지역 영화 잡지가 실시한 조사에서 가장 잘생긴 남자 배우, 가장 친구가 되고 싶은 배우, 가장 인기 있는 배우 1위를 모두

휩쓸었을 정도였다. 아마 김염의 집안 내력을 조금이나마 알았다면 그 중국인은 자신이 맞을 만한 짓을 했다고 깨닫지 않았을까 싶다.

김염의 아버지 김필순(金弼淳, 1878~1919)은 대한민국 최초의 면허 의사이자 독립운동가로 만주에서 활동하다 일본 첩자에게 살해당했다. 대한민국임시정부 부주석을 지냈고 해방 정국에서 김구, 이승만과 함께 우익 3영수로 꼽히던 김규식(金奎植, 1881~1950)은 김염의 고모부였다. 또 다른 고모부인 서병호(徐丙浩, 1885~1972)는 대한민국임시정부 내무위원을 지냈다. 독립운동가이자 교육가였던 김마리아(金瑪利亞, 1892~1944)는 김염의 사촌누나였다. 명실상부한 독립운동 명문가였다. 당시 김염과 함께 퇴학당한 학생 가운데 한 명이 김산이었다. 이 이야기는 김산의 증언으로 《아리랑》에 실렸다.

중국 최고 명문 사학
난카이학교 설립자

난카이학교는 당시 중국 전역에서 알아주는 사립 명문 학교였다. 김염과 나머지 학생들은 어떻게 해서 등록금도 비싼 난카이학교에 다니게 되었을까. 여기에는 독립운동가 도산 안창호(安昌浩, 1878~1938)의 숨은 조력이 있었다. 김산은 《아리랑》에서 당시 안창호가 학업을 마칠 수 있도록 도와준 덕분에 난카이학교에 입학할 수 있었다고 밝혔다. 물론 궁극적으로는 안창호가 난카이학교 설립자인 장보링(張伯苓, 1876~1951)과 깊은 친분이 있었던 것이 결정적이었다고 할 수 있다.

안창호와 장보링은 항일 정신이라는 확고한 공통분모가 있었다. 장보링은 가난하고 항일 정신이 충만한 조선인 청년들을 등록금도 받지 않고 학교에 입학시켜주곤 했다. 한때 군인의 길을 걸었던 장보링은 중국의 부국강병을 위해 교육자가 되었고, 이웃 나라 청년들이 조국 해방을 위해 헌신하는 모습에 감동해 물심양면 지원을 아끼지 않은 독립운동의 든든한 후원자였다.

장보링이 어떤 사람인지 보여주는 일화가 있다. 독립운동가 이회영(李會榮, 1867~1932)의 아들인 이규창(李圭昌, 1913~2005)이 장보링을 찾아가 어려운 사정을 털어놓자 장보링은 흔쾌히 학비를 면제해주며 공부를 할 수 있도록 해주었다. 장보링과 이회영 사이에도 어느 정도 교류가 있지 않았을까 싶다. 장보링은 이규창에게 열심히 공부해 독립에 이바지하라고 격려까지 해주었다고 한다. 공부를 할 수 있게 되었다지만 경제 상황이 워낙 어려웠던 이규창은 한겨울에도 제대로 된 옷을 갖춰 입지 못한 채

나는 대한독립을 위해 싸우는
외국인입니다

154

추위에 떨며 집에서 학교까지 걸어 다녀야 했다. 빨래를 하면 여벌 옷이 없어 집 밖으로 외출조차 못 했을 정도로 궁핍했다니 겨울옷이라고 제대로 있을 리가 없었다. 중국인 학생들은 이런 이규창을 "망국노(亡國奴)"(나라 잃은 백성을 얕잡아 부르는 말)라고 비웃으며 놀렸다. 이 광경을 본 장보링은 오히려 이규창이 아버지와 함께 독립운동을 하는 모습을 보고 배우라고 중국인 학생들을 크게 꾸짖었다고 한다. 독립운동가로 활동한 이규창은 1968년 건국훈장 국민장을 받았다.

항일 청년들의
든든한 후원자

장보링은 안창호를 비롯한 독립운동가들과 평생 교류하며 독립운동가들을 물심양면 도와주었다. 하지만 국내에서는 장보링이라는 이름조차 낯선 것이 현실이다. 그나마 양지선(대한민국 임시정부기념관 학예연구관)이 장보링의 독립운동 지원 활동을 조명한 논문 두 편을 발표한 것이 거의 유일한 연구 성과라고 할 수 있다. 양지선이 쓴 논문을 바탕으로 장보링이 어떤 사람이고, 독립운동에 어떻게 이바지했는지 살펴보자.

장보링은 1876년 중국 톈진에서 태어났다. 조선이 일본과 강화도조약을 체결하고 곧바로 일본으로 사절단인 수신사(修信使)를 파견한 해가 1876년이었다. 말 그대로 동북아시아가 격랑에 휩싸이던 격변기에 태어난 장보링은 어린 시절 서당 훈장인 부친한테서 전통식 유학 교육을 받았다. 당시 톈진은 근대화 운동 분위기가 강한 곳이었다. 장보링은 13세에 오늘날 해군사관학교에 해당하는 북양수사학당(北洋水師學堂)에 입학해 해군으로서 조국에 이바지하겠다는 꿈을 키웠다. 1894년 장보링은 북양수사학당을 최우수 성적으로 졸업했다. 하지만 그해 발발한 청일전쟁에서 청나라 북양함대가 일본 해군에 참패하는 것을 목격하고 큰 충격을 받았다. 이를 계기로 장보링은 완전히 다른 인생 목표를 세우게 되었다. 그는 1898년 군복을 벗고 교육자가 되었다.

장보링이 고향인 톈진에 난카이중학교를 설립한 것은 1904년, 난카이대학을 설립한 것은 1919년이었다. 미국처럼 9월에 개학하는 방식이었다. 난카이대학은 개교 초기부터 1920년대 중국으로 망명한 조선 청년 독립운동가들이 많이 찾은 학교였다. 난카이대학이 조선인 유학생들에게 더할 나위 없는 근거지가 되어주었기 때문이다. 톈진 자체가 베이징과 가깝고, 교통 요지라 이동과 회합에 좋은 조건이어서 조선과 왕래하거나 연락을 주고받기 수월한 편이었다. 이뿐 아니라 난카이대학에서는 수업료를 면제해주는 등 각종 장학금 혜택을 많이 제공해 돈 걱정 없이 유학생 신분을 유지할 수 있었던 것도 빼놓을 수 없는 장점이었다. 독립운동가들에게 대학생 신분이라는 외피는 상당한 보호막이 되어주었다. 민족주의 성향이 강한 학교 분위기 덕

분에 학생들이 교내 정치 활동, 특히 반일 성향 활동을 하는 것을 허용해주었기 때문에 활동하는 데 제약도 적었다. 교육 프로그램 또한 어느 곳에도 뒤떨어지지 않는, 말 그대로 독립운동 '요람'이 아닐 수 없었다. 장보링은 이 모든 것을 가능하게 해준 열쇠였다. 1920년 난카이대학에 다니는 조선인 학생은 최소 13명이었고, 1921년에는 20여 명이 재학하고 있었다.(양지선, 〈1930

　　장보링은 왜 이렇게 조선인 유학생들을 유달리 따뜻하게 대하며 독립운동에 관심과 지원을 아끼지 않았던 것일까. 사실 학교 입장에서 독립운동가들을 비호하고 편의를 제공하는 것은 상당히 부담스러운 일이었다. 무엇보다 일본 측에서 유무형의 압박이 적지 않게 들어왔다. 또한 국립대가 아니다보니 학교 운영비를 마련하기 위해 중국 각지는 물론 미국까지 다니며 기부금을 요청하는 등 동분서주해야 했던 마당에 조선인 학생들에게 전액 장학금을 지급하는 것은 학교 운영자로서는 부담이 무척 컸을 것이다.

　　그럼에도 장보링이 이웃 나라 독립운동가들을 열과 성을 다해 도왔던 것은 대의(大義)에 헌신하기 위해 부귀영화를 버리고 고난을 마다하지 않는 망명 청년 애국지사들의 모습에 깊은 감명을 받았기 때문이었다. 이에 더해 야금야금 중국의 정치, 경제 권익을 침탈해오는 일제에 맞서 함께 싸운다는 공통분모 역시 크게 작용했을 것이다. 장보링이 보기에 항일 투쟁은 더할 나위 없는 최고의 가치였고, 이 소명을 앞장서 실천하는 이웃 나라 젊은 이들은 중국인이 힘껏 돕고 본받아야 마땅한 존재였던 셈이다.

독립운동가와 맺은 인연에서
발전한 한중 연대

   이런 면에서 주목해야 할 인물이 독립운동가 박용태(朴龍泰, 1888~1938)다. 장보링이 조선 독립운동에 관심을 갖게 된 것은 난카이대학 조선 유학생 기숙사 사감을 맡고 있던 박용태와 교류한 것이 결정적인 계기가 되었다고 한다. 1888년 서울에서 태어난 박용태는 1917년 톈진으로 건너와 독립운동에 참여하고 있었다. 장보링은 1928년 7월 중국인 지인들에게 보낸 편지에서 박용태를 "친구"이자 "조선의 지사"로 소개하면서, "사람됨이 충절하고 순수하며 강직하다"라고 높이 평가했다. 박용태는 1920년 학생회를 조직하는 등 난카이대학을 토대로 톈진 일대에서 다양한 독립운동을 전개해나갔다. 장보링은 박용태를 매개로 다른 독립운동가들을 경제적으로 후원하거나 중국인 지인들에게 소개 편지를 써주는 등 후원자 역할을 아끼지 않았다. 이렇게 시작된 국경을 초월한 우정에 안창호도 있었다.

   항일을 매개로 한 '한중 연대'에 진심이었던 장보링은 안창호와 속내를 터놓는 우정과 교류를 이어갔다. 안창호는 임시정부가 미국 의원들과 면담을 성사시키기 위해 1920년 장보링을 방문해 도움을 요청한 것을 계기로 그와 긴밀한 관계를 맺게 되었다. 독실한 개신교 신자였고 청년 교육을 중시하는 등 공통점이 많았던 것도 두 사람이 가까워지는데 큰 영향을 주었다. 안창호는 여러 차례 난카이대학을 방문해 조선 출신 유학생들에게 강연을 하고 대화를 나누었으며, 장보링에게 학생 입학을 부탁하기도 했던 것으로 보인다.

안창호는 1926년 말 지린성(吉林省)을 방문했다가 이듬해 2월 일제의 사주를 받은 중국 경찰에 다른 독립운동가 50여 명과 함께 체포되었다 풀려난 적이 있다. 이른바 '길림 사건'이다. 양지선에 따르면 이 과정에서 장보링은 안창호를 위해 지린성 지역 유력자들에게 많은 친필 편지를 보내는 등 구명 운동에 매진했다고 한다.

안창호가 1938년 세상을 떠난 뒤 충칭에서 열린 추도회에서는 장보링이 직접 추도사를 낭독했다. 장보링은 "그의 정신은 아직도 친구의 동포인 조선 사람의 뇌리에 빛나고 있으므로 조선인 여러분은 계속하여 안 선생의 유지를 이어받아 어디까지나 조선 독립이 완성될 때까지 만전의 노력을 발휘하여주기 바란다"라고 밝혔다. 아울러 조선과 중국이 힘을 합쳐 일본에 맞서 싸우자고 강조했다.

1938년 중일전쟁이 발발하면서 톈진은 일본군에 점령당했다. 난카이대학은 일본군 공습을 받아 폐허가 되어버렸다. 장보링은 장제스가 이끄는 국민정부에 협조해 교육 활동을 계속했다. 국민정부 자문 기관인 국민참정회(國民參政會)에서도 활동했다. 일제가 패망하고 곧이어 장제스가 이끄는 국민당과 마오쩌둥이 이끄는 공산당 사이에 국공내전이 벌어졌다.

4년에 걸친 내전 끝에 국민당이 대만으로 패퇴할 당시 장제스는 장보링에게 함께 가자고 권유했다고 한다. 하지만 장보링은 고향을 지켰다. 한때 제자였던 저우언라이가 난카이학교 운영에 간섭하지 않고 교육가로서 계속 활동할 수 있도록 보장하겠다며 장보링을 설득했다고 한다. 장보링은 톈진에서 1951년 노환으로 사망했다.

연보

- 1876년 중국 톈진에서 출생

- 1889년 북양수사학당 입학

- 1904년 난카이중학교 설립

- 1919년 난카이대학 설립

- 1927년 안창호 체포, 구명 운동

- 1938년 중일전쟁으로 난카이대학 일본군 점령

- 1951년 사망

9장

조선인 고아들의
일본인 아버지,
자식들 곁에 묻히다

소다 가이치

어느 일본인의
아주 특별한 인연

> 언 손 품어주고 쓰린 가슴 만져주어
> 일생을 길다 않고 거룩한 길 걸었어라
> 고향이 따로 있든가 마음 둔 곳이어늘
> _주요한, 소다 가이치 묘비

홍콩 작가 김용(金庸)이 쓴 《신조협려(神鵰俠侶)》라는 소설이 있다. 무협 장르를 좋아하는 이들 사이에서는 과장 조금 보태서 《성경》처럼 대접받는 작품이다. 국내에선 1986년에 《영웅문(英雄門)》 시리즈 제2부 《영웅의 별》이라는 근본도 없는 제목으로 번역이 되었다. 물론 제목과 별개로 워낙 내용이 흥미진진해서인지 선풍적인 인기를 끌었다. 이 소설에는 반쯤 미쳐 날뛰는 적

련선자(赤練仙子) 이막수(李莫愁)라는 악당이 등장하는데, 특이하게도 밤만 되면 달빛 아래서 구슬프게 노래를 부르곤 했다. "세상 사람들에게 묻노니, 인연이란 무엇이길래 생사를 가름하느뇨. … 아득한 만 리에 구름 가득하고 온 산에 저녁 눈 내릴 때 한 마리 외로운 새 누구를 찾아 날아갈지를."

오랫동안 이 노래가 기억에 남아 있었다. 아마 감수성 예민한 청소년 시절에 읽어서 그랬던 것 같다. "인연이란 무엇이길래 생사를 가름하느뇨"가 알고 보니 원래는 "정이란 무엇이길래 생사를 가름하느뇨"였다는 사실을 알게 된 것은 얼마 전이었다. 무려 수십 년 동안 엉터리로 노래 가사를 외우고 있었던 셈이다. 물론 또 달리 보면 "인연이란 무엇이길래"도 나름대로 나쁘지 않다는 생각도 든다. 어쨌든 사람과 사람의 인연이란 미운 정 고운 정을 만들고, 생사를 가름할 수도 있기 때문이다.

술에 취해 길바닥에서 세상을 하직할 뻔했던 한 일본인 청년이 조선인 덕분에 목숨을 건지고, 식민지 조선에서 굶주리는 고아들을 위해 평생을 바치고, 끝내 그 아이들을 길러냈던 곳에서 아이들의 축복을 받으며 세상을 떠났다. 이런 것이 인연이 아니고 무엇일까 싶다.

서울 마포구 합정역에서 한강 쪽으로 가는 길 옆에 자리 잡은 양화진외국인선교사묘원은 1890년 조선에 체류하다 사망

한 외국인들을 매장하는 묘지에서 시작되었다. 현재는 417명
이 안장되어 있다. 출신 국가는 미국, 영국, 러시아, 독일, 이탈
리아 등 15개국에 이르는데, 독특하게도 소다 가이치(曽田嘉伊智,
1867~1962)라는 일본인이 포함되어 있다. 일본인 기독교 사회사
업가라는 점도 그렇지만, 한일 국교조차 없던 1962년에 한국 정

부의 문화훈장을 처음으로 받은 일본인이라는 점에서도 특별한 존재가 아닐 수 없다. 한국은 물론 일본에서도 이름조차 낯선 소다 가이치는 어떤 인물이었을까.

"하늘 할아버지, 하늘 할머니"라 불린 부부

소다는 1867년 일본 조슈번(長州藩)에서 태어났다. 현재는 야마구치현(山口縣)으로 불리는 조슈번은 이 지역 출신 하급 사무라이들이 메이지유신(1868)을 주도하면서 근대 일본을 이끄는 핵심 지역으로 역사에 빈번하게 등장한다. 조슈번 출신으로 메이지 시대 일본을 이끈 가장 대표적인 사람으로는 초대 조선통감을 지냈고 1909년 중국 하얼빈역에서 안중근(安重根, 1879~1910) 의사에게 암살당한 이토 히로부미(伊藤博文, 1841~1909)를 꼽을 수 있다.

소다는 어릴 때 서당에서 한문 공부를 하다가 나가사키에서 탄광 노동자로 일하며 초등학교 교사 자격증을 취득해 교사가 되었다. 하지만 1893년 25세 때 노르웨이 선박에 선원으로 취업해 홍콩으로 건너간 것을 시작으로 여러 곳을 옮겨다니는 삶을 살았다. 1895년에는 청일전쟁(1894)으로 일본 식민지가 된 대만으로 가서 독일인이 경영하는 공장에서 사무원 겸 통역으로 일했고, 중국으로 건너가 해군에 종사하거나 쑨원이 이끄는 혁명운동에 참여한 적도 있다고 한다.

소다가 조선과 인연을 맺게 된 것은 이즈음이었다. 그는 젊은 시절 술을 꽤 많이 마셨던 것 같은데, 1899년 대만에서 술에 취해 길바닥에 쓰러져 있는 그를 생면부지인 어떤 조선 사람이 들쳐 업고 여관으로 데려가 돌봐주었다고 한다. 소다는 이름 모를 조선인 덕분에 목숨을 건진 은혜를 갚기 위해 대한제국으로 향했고, 서울에 정착해 황성기독청년회(YMCA)에 일본어 교사로 취직했다. 어떤 연구자는 도움을 받은 지 6년이나 지난 1905년에 '은인의 나라'를 찾아갔다는 것은 도움을 받은 것과 서울에 간 것 사이에 직접적인 관계가 있다고 보기 힘들지 않겠느냐고 해석하기도 한다. 그렇다 하더라도 도움을 받았던 인연으로 조선에 대해 좋은 인상을 받았던 것 자체는 사실인 듯하다.

서울에서 소다는 월남(月南) 이상재(李商在, 1850~1927)의 영향으로 기독교인이 되었고, 역시 독실한 기독교 신자로 숙명여고와 이화여고에서 영어 교사를 하던 우에노 다키(上野瀧子)를 만나 결혼했다. 우에노 다키는 1878년생으로 독실한 기독교 가정에서 자랐고 나가사키의 기독교 학교를 졸업했다.

가마쿠라보육원 경성지부 전경.
출처: 조선총독부 내무국 사업과,《조선 사회사업 요람(朝鮮社会事業要覧)》, 1927

 소다는 1921년 가마쿠라보육원(鎌倉保育園) 경성지부(현 영락보
린원) 지부장이 되어 고아들을 돌보게 되면서 또 한 번 인생의 전
환기를 맞게 된다. 가마쿠라보육원은 사다케 오토지로(佐竹音次
郎)가 설립했는데, 경성지부는 1913년 조선총독부가 대여한 용
산구 후암동 1200평 대지 위에 세워졌다. 소다 부부는 고아들
을 양육하는 데 열과 성을 다했다. 젖동냥을 다니고 우는 아이를
안고 밤을 새우는 노력으로 해방까지 1100명이 넘는 고아들을

길렀다. 고아들이 소다 부부를 "하늘 할아버지, 하늘 할머니"라 부를 정도였다.

조선총독부가
"한국인 앞잡이"라고 부르다

고아원을 운영하면서 가장 어려웠던 일은 보육원 운영비 마련이었다. 가마쿠라보육원 본부에서 보내주는 지원금만으로는 운영이 힘들었던 데다, 당시 식민지 조선에서는 기부금이라는 개념 자체가 희박했기 때문에 소다 부부는 전국의 교회와 신도를 찾아다니며 기부금을 요청해야 했다. 자금이 떨어지면 부부가 함께 손수레를 끌고 식량을 얻으러 다녔다. 그런 속에서도 아이들과 똑같이 먹고 똑같이 낡은 옷을 입었으며, 아이들을 조금이라도 더 먹이기 위해 하루 세 끼 가운데 한 끼는 굶는 생활을 이어갔다.

일본인이 고아들을 모아놓고 기른다고 하니 "왜놈이 조선 아이들을 어디다 팔아먹으려고 하느냐"라는 말을 들을 정도로 크고 작은 오해에 시달리기도 했다. 그러던 어느 날 보육원 마당에 보따리 하나가 놓여 있었다. 그 속에는 거금 1000원과 함께 이름 없는 편지가 들어 있었다. 편지에는 "동포들을 대신하여 감사드립니다. 저는 사정이 있어 국외로 나갑니다. 저는 도둑놈이 아닙니다. 이 돈을 고아들을 위해 써주십시오"라고 쓰여 있었다고 한다.

소다의 활동은 사회사업에만 그치지 않았다. 1911년 신민회 회원들이 대거 검거된 이른바 '105인 사건'으로 YMCA에서 함께 활동했던 기독교인들이 투옥되었다. 소다는 이들을 구하기 위해 경찰서를 돌아다니며 서장을 설득했고, 고향 사람이기도 한 데라우치 마사타케(寺內正毅) 조선총독을 찾아가 "무고한 이들을 당장 석방해달라"라고 요청했다. 당시 대법원장 와타나베 도루(渡邊暢)는 지금의 덕수교회인 경성기독교회 장로였는데, 그를 찾아가 "죄 없는 사람에게 왜 벌을 주려 하느냐"라고 따지기도 했다. 1919년 3·1운동으로 월남 이상재가 투옥되었을 때는 법정에서 판사를 꾸짖은 일도 있었다.

이런 일들로 인해 총독부에서 소다를 "한국인 앞잡이"라 부르며 거부감을 드러냈고, 일본인들한테서 동족을 배신했다는 소리를 듣기도 했다. "한국 고아들을 데려다 항일 교육을 시킨다"라는 이유로 헌병대에 불려가 조사를 받기도 했다. 보육원 출신 가운데 독립운동가가 없을 수 없었는데 이들이 경찰에 체포되기라도 하면 소다 부부는 "내 불찰입니다" 하고 머리를 숙

보육원생들과 함께한 단체 사진.

출처: 조선총독부, 《번창하는 조선: 25년간의 행정에 대한 설문 조사(Thriving Chosen: a survey of twenty-five years' administration)》, 1935

이며 석방을 위해 노력했다.

1943년 가을 소다는 함경도 원산감리교회 전도사로 부임했다. 보육원은 부인이 맡았다. 소다는 원산에서 해방을 맞이했다. 당시 보육원에는 아이들 110명이 있었다고 한다. 하지만 해방 직후 혼란스러운 상황에 더해 그해 8월 말 화재로 보육원 건물이 전소되는 사고까지 겪었다. 소다는 1947년 10월 원산의 일본인들을 인솔해 서울로 돌아왔다.

우에노 여사.

출처: 영락보린원

　다음 달 소다는 다시 한 번 중요한 결정을 내렸다. 보육원을 부인에게 맡기고 홀로 일본으로 귀국해 "세계 평화"라고 적은 띠를 두르고 일본 각지를 돌아다니며 "전쟁을 일으킨 일본인이 회개해야 한다"라며 회개를 촉구했다. 당시 그를 인터뷰한 일본 언론에 따르면 그는 "경성에만 한국인과 결혼한 여성이 700~800명이다. 재일한국인 60만 명에 대해서도 일본인은 조금 더 올바르게 이해하기 바란다. 나는 장차 한국인들과 함께 있기를 바란다"라고 말했다고 한다.

　그러던 중 부인이 1950년 1월 숙환으로 세브란스병원에 입원해 있다가 세상을 떠나는 아픔을 겪었다. 당시 한국과 일본은 국교 수립이 되어 있지 않았던 데다 국교 수립 협상도 지지부진할 만큼 관계가 냉랭했기 때문에 소다는 부인의 장례식에도 참석하지 못한 채 일본에서 눈물을 삼켜야 했다.

일본인 최초로
서울시 명예시민이 되다

　1961년 소다는 서울로 돌아왔다. 다시 돌아온 데는 1960년 1월 1일《아사히신문(朝日新聞)》이 특집기사에서 이승만의 오랜 친구 소다가 한국에 가고 싶어 한다는 사연을 전한 영향이 컸다. 이 기사는 한국과 일본 모두에서 큰 주목을 받았지만 하필 4·19혁명으로 이승만이 물러나면서 흐지부지되었다. 다행히 가마쿠라보육원을 이어받은 영락보린원 원장을 맡고 있던 영락교회 목사 한경직이 재정 보증까지 서며 나서준 덕분에 1961년 5월 6일 아사히신문사 특별기로 한국에 돌아올 수 있었다.

　소다를 떠나보내는 오사카국제공항에는 재일동포 200여

한국에 돌아가고 싶다는 소다의 염원을 전한 신문 기사.
출처: 〈이승만 씨, 이 사람을 아는가? "한국은 나의 고향" 소다 씨 양로원에서 '귀국' 열원〉, 《아사히신문》, 1960년 1월 1일

명이 한일 양국 국기를 들고 소다를 전송했다. 김포공항에 착륙한 비행기에서 그가 내리자 서너 살 때부터 그의 손에서 자랐고 이제는 서울시 의원이 된 심상준, 조경환 등이 "할아버지 말소리가 들립니까?" 하고 애타게 그를 불렀다. 소다는 노환으로 귀가 들리지 않았지만 조경환의 아들 조성만을 알아보고 반갑게 손을 잡았다.

《아사히신문》은 물론 한국의 주요 신문들이 한국을 방문할 때부터 이후 생활상까지 소식을 여러 차례 상세히 전할 정도로 소다의 한국 방문은 한일 양쪽에서 모두 화제가 되었다. 《아사히신문》(1961. 5. 7)은 귀국 당시 모습을 이렇게 묘사했다. "영락보린원의 고아들 50인은 '할아버지 만세'라고 하는 귀여운 동요를 부르며 일본에서 온 백발 수염의 소다 씨를 환영했다. … 옛날 소다 씨가 기른 사람들이 다리가 불편한 노인을 부둥켜안고 산 같은 꽃다발을 안겨주었다. '아버지'라고 울며 끌어안는 사람도 있었다. 소다 씨도 지난 긴 시간이 떠올랐는지 눈물을 흘렸다."

서울에 도착한 이틀 뒤 서울시는 소다에게 명예시민증을 수여했다. 한복을 입고 서울시청에 가서 시장 김상돈한테서 일본인 최초로 명예시민 칭호를 받았다. 소다는 영락보린원에서 아이들이 뛰어노는 모습을 바라보며 여생을 보냈다. 《동아일보》(1961. 5. 15)는 그가 "아침 일곱 시 기상하면 밀크 한 잔에 카스테라 한 조각으로 손수 식사를 한 후 원아들과 함께 즐기고 있다. 장난도 곧잘 하는 옹에게 어린이들은 벌써 할아버지란 말을 배워주었다. 혼자서 변소에도 갈 수 있고 또 곧잘 신문을 들여다볼 정도로 시력도 건전하다. 간간이 오는 방문객들에게 침대 위에 기대어 손짓과 미소로 대답한다"라고 전했다.

《아사히신문》(1961. 6. 26)이 전한 소다의 말년 모습은 이랬다.

"영락보린원에서는 소다 씨를 위해 신관에 자리한 남향의 방을 준비해주었다. 창문을 열면 고아들이 건강하게 놀고 있는 모습이 바로 보인다. 소다 씨는 자지 않을 때는 창 앞의 의자에 앉아 기쁜 표정으로 아이들의 건강한 모습을 보고 있다. 아이들은 철이 없다. 하얀 수염의 할아버지와 완전히 친해졌다. 소다 씨의 모습이 창문에 보이면 곧 몇 명이 창문으로 다가온다. 소다 씨의 머리를 만지고 수염을 잡아당기기도 하지만 소다 씨는 방긋 웃을 뿐 아이들이 하는 대로 내버려둔다."

가슴으로 낳은 아이들과
함께 보낸 마지막 나날

소다는 1962년 3월 28일 95세를 일기로 영락보린원에서 세상을 떠났다. 장례식은 1962년 4월 2일 국회의사당(현 서울시의회 본관)에서 사회단체연합장으로 치러졌다. 조문객 2000여 명이 참석했는데, 보건사회부 장관 정희섭, 서울시장 윤태일 등이 조사를 했다. 당시 국가재건최고회의 의장이던 박정희와 일본 외무대신 고사카 젠타로(小坂善太郎)가 조화를 보냈다. 일본에 거주하던 조카 마스다 스미코(増田須美子)가 유족 대표로 참석했다.

소다가 세상을 떠난 직후인 1962년 4월 11일 한국 정부는 "이전 생애를 통한 희생적 봉사는 우리 국민이 영구한 경애를 받는데 부족함이 없으므로 이를 포상하고 대한민국 헌법이 전하는 대통령의 권한에 의해 문화훈장 국민장을 드립니다"라며 그에게 문화훈장을 추서했다. 한일 국교 수립이 되기도 전이었고, 일본인으로는 최초였다.

소다의 유해는 양화진외국인선교사묘원에 묻혔다. 유족들은 고인의 수염을 잘라 일본의 가족 묘지에 모셨다. 다음 해 열린 2주기 추도식은 서울 YMCA 강당에서 거행되었는데, 평소 소다를 존경했던 전 일본 총리 기시 노부스케(岸信介)가 자신의 딸을 특사로 파견했다. 소다의 묘비 앞면에는 십자가와 함께 큰 글씨로 시대 분위기를 반영하듯 국한문혼용체로 "孤兒의 慈父 曾田嘉伊智先生之墓"라고 새겨져 있다. 풀이하면 "고아들의 자애로운 아버지 소다 가이치 선생 묘"라는 뜻이다. 묘비 옆면에는 맨 앞에서 소개한 시인 주요한이 쓴 시를 새겼다.

묘비 뒷면에는 이렇게 쓰여 있다.

"소다 선생은 일본 사람으로 한국인에게 일생을 바쳤으니, 그리스도의 사랑을 몸으로 나타냄이라. 1867년 10월 20일 일본국 야마구치(山口)현에서 출생했다. 1913년 서울에서 가마쿠라보육원을 창설하매, 따뜻한 품에 자라난 고아가 수천이더라.

양화진외국인선교사묘원에 조성된 소다 가이치의 무덤.
출처: 저자

1919년 독립운동 시에는 구금된 청년의 구호에 진력하고, 그 후 80세까지 전국을 다니며 복음을 전파하다. 종전 후 일본으로 건너가 한국에 대한 국민적 참회를 순회 연설하다 95세인 5월 다시 한국에 돌아와 영락보린원에서 1962년 3월 28일 장서(長逝)하니 향년 96세라. 동년 4월 2일 한국 사회단체 연합으로 비를 세우노라."

연보

- 1867년 일본 야마구치현에서 출생

- 1905년 서울 정착

- 1913년 가마쿠라보육원 경성지부 근무 시작

- 1921년 가마쿠라보육원 경성지부장

- 1947년 일본으로 귀국

- 1950년 부인 서울에서 사망

- 1961년 한국 귀환

- 1962년 서울 영락보린원에서 사망

나는 대한독립을 위해 싸우는
외국인입니다

10장

2대에 걸쳐 한국 독립운동
지원한 목사

조지 A. 피치

백범 김구를 구해준
미국인 목사

1910년 일본 식민지가 된 뒤 수많은 사람들이 독립운동을 위해 혹은 먹고살 길을 찾아 중국으로 이주했다. 대부분 가난했다. 중국인들이 곱게 봐줄 리가 없었다. 거지 취급을 받기 일쑤였고 심하면 일본 앞잡이 취급까지 받아야 했다. 여벌 옷이 없어 빨래를 하면 옷이 마를 때까지 바깥출입을 할 수 없을 정도로 궁핍했던 이회영의 아들 이규창은 "망국노"라는 놀림을 받아야 했다. 훗날 상하이를 주름잡는 영화배우가 된 김염은 달리기 시합 도중 "왜놈의 주구"라고 놀리는 중국인과 싸우다 학교에서 쫓겨났다.

1932년 4월 29일 이후로 상황이 완전히 변했다. 조선인들은 상하이에서 편안하게 바깥을 다닐 수가 없게 되었다. 조선인만 발견하면 중국인들이 무조건 끌고 들어가서 한잔하자고 권했기 때문이다. 홍커우공원에서 발생한 의거, 윤봉길(尹奉吉, 1908~1932) 의사가 일본군을 향해 던진 폭탄 하나가 조선 사람을 바라보는 중국 사람의 시선을 걸인에서 영웅호걸로 한순간에 바꿔버렸다. 이는 뒤집어 보면 무적 무패를 자랑하는 일본군에 잊을 수 없는 치욕이라는 의미도 되었다.

윤봉길 의거 이후 중국 상하이 주둔 일본 군경은 발칵 뒤집혔다. 일본 군경은 즉각 폭탄 투척 배후로 대한민국임시정부와 김구를 지목, 대대적인 검거 작전에 돌입했다. 김구는 일본 군경의 추적을 피해 프랑스 조계에 있는 조지 A. 피치(George Ashmore Fitch, 1883~1979; 조지 애쉬모어 피치) 목사 집으로 숨어들었다. 조계는 외국인이 자유로이 거주하며 치외법권을 누릴 수 있도록 설정한 구역이다.

"그날 저녁, 어두운 밤에 한국인 4명이 프랑스 조계에 있는 우리 집에 왔다. 그중 우리가 알고 있는 한 명은 한국의 위대한 영웅이며 망명정부를 이끄는 김구였다. 김구와 같이 온 사람들은 비서인 엄항섭과 안중근의 동생 안공근, 그리고 김철이었다. 김구는 우리에게 오늘 홍커우공원에서 일어난 사건의 주모자가 본인이라고 밝혔다."

피치는 자신의 집으로 찾아든 김구 일행을 조금도 망설이지

한국 방문 중 경교장에 찾아간 피치 목사 부부. 앞줄 오른쪽부터 피치 부부, 김구 선생, 프란체스카 여사(이승만 대통령 부인)가 앉아 있다.

출처: 미상

않고 한 달 동안 숨겨주었다. 김구는 바깥출입을 아예 하지 않고 다른 사람들이 아주 가끔 택시를 타고 외출해 연락을 주고받으며 극도로 조심했다. 하지만 일본 군경의 포위망이 좁혀오자 피치는 아내 제럴딘 T. 피치(Geraldine Townsend Fitch, 1892~1976)와 함께 김구를 중국인으로 변장시킨 뒤 차에 태워 자싱(嘉興)으로 피신했다. 김구는 《백범일지》에서 당시 상황을 이렇게 묘사했다.

"피치 댁에서 20여 일간 숨어 지내며 비밀리에 활동했다. … 그러던 어느 날 피치 부인이 급히 2층으로 올라와서 '우리 집이 정탐꾼에게 발각된 모양이니 속히 떠나셔야겠어요'라고 알려주고 곧 아래층으로 내려가 전화로 남편을 불렀다. … 부인은 자기네 자동차에 나와 부부인 양 나란히 앉고 피치 선생은 운전사가 되어 뜰에서 차를 몰고 문밖으로 나갔다."

피치 부부는 김구의 목숨과 독립운동을 살린 은인이었다. 김구가 일본 군경의 추적을 피해 상하이를 빠져나갔기에 대한민국임시정부의 동력이 이어질 수 있었다.

피치는 김구뿐 아니라 안창호 구명 활동도 했다. 홍커우공원 의거 이후 안창호가 일본 경찰에 체포되자 프랑스 언론인들과 지식인들을 접촉하며 체포 과정의 불법성을 집중 부각시켰다. '법 위의 일본 경찰'을 성토하며 공개적인 석방 운동을 벌였다. 프랑스 언론사 편집장에게 서한을 보내기도 했다. 이 서한에서 피치는 프랑스 조계에서 일본 경찰이 한국인을 불법적으로 체포한 사실을 강조하며, 프랑스가 이를 묵인하는 것은 프랑스 혁명 정신을 포기하고 과거의 절대 군주가 다스리던 앙시앵 레짐(구체제)으로 회귀하는 것이라고 비판했다.

"안창호는 잘 알려진 대로 한국에서 높은 존경을 받는 인물로 불법 체포되어 일본 당국에 인계된 지 10일이 지났습니다.

심지어 일본은 그가 홍커우공원에서 발생한 폭탄 테러 사건과 아무 상관이 없다고 생각하지만 체포했습니다. 일본은 안창호에 대한 체포 영장이 없었지만 다른 사람의 영장으로 그를 체포하고 나중에 체포 영장을 수정했습니다. … 안창호는 일본 당국의 손에 무한정 잡혀 있어야 하나요? 그는 주어진 권리에 따라 합법적 공개 재판을 해야 합니다. 지금 이 시간에도 한국인에 대한 검색은 여전히 계속되고 있습니다. 일본은 프랑스 당국으로부터 한국인 체포와 검색에 대한 위임장이 있습니까? 프랑스의 정치적 난민에 대한 태도를 보면 프랑스는 앙시앵 레짐으로 다시 돌아가려고 하는 것으로 보입니다."

아버지 뒤를 이어
독립운동가들을 돕다

피치는 아버지 조지 F. 피치(George Field Fitch, 1845~1923)와 함께 2대에 걸쳐 한국 독립운동을 지원했던 인물이었다. 1845년 미국 오하이오주 에이번에서 목사 집안의 아들로 태어난 아버지 피치는 1870년 중국으로 건너가 상하이와 쑤저우(蘇州)를 중심으로 선교 활동을 했다. 그는 1910년대 상하이로 망명한 독립운동가들과 접촉한 것을 시작으로 대한민국임시정부 지원 활동을 펼치면서 독립운동에 큰 도움을 주었다. 임정 수립 이후 재건된 대한적십자사의 모금 활동을 했을 뿐 아니라, 한인 학교인 인성학교(仁成學校)의 기금 모집을 위한 고문으로도 활동했다. 상하이 일본총영사관이 미국총영사관에 항의하면서 압박을 가했지만 1923년 상하이에서 병으로 세상을 떠나기 전까지 독립운동가들을 지원하는 일을 멈추지 않았다.

임시정부 기관지인 《독립신문》에 실린 부고 기사는 그를 이렇게 추모했다. "우리 한인에 대한 다대한 동정심을 가지고 우리 독립운동에 대하여 비밀리에 또는 공공연하게 막대한 원조를 여하던[주덴] 미국인 피치 목사는 신병으로 인하여 지난 17일 상하이 자택에서 별세하였는데 당년이 78세이더라."

1883년 쑤저우에서 2남 3녀 중 넷째로 태어난 조지 A. 피치는 미국에서 공부하다 1909년 장로교 목사가 되어 상하이로 돌아왔다. 그 역시 아버지 뒤를 이어 독립운동가들과 친분을 이어갔다. 그는 대체로 YMCA 활동에 전념했지만 김구를 피신시킨 것을 비롯해, 장제스 등 국민당 고위급 인사들과의 친분을 활용해 국민정부가 임시정부를 지원하도록 도왔다. 또한 이승만이 만든 한미협회와 주미 한국 기독교인친한회에 참가했고, 미국 정부에 임시정부를 승인하도록 촉구하는 노력을 기울였다. 1939

조지 F. 피치와 메리 M. 피치 부부.
출처: fitchfamily.com

년에는 중국 국민정부 임시 수도였던 충칭으로 가 YMCA 총무
로 활동하는 한편 미군 고문 자격으로 중국어 통역을 맡았다.

피치의 여러 활동에는 난징 대학살 당시 벌였던 구호 활동
도 있다. 1936년 일본군이 상하이를 공격하자 피치는 국민정부
를 따라 난징 YMCA 총간사가 되어 난징에 도착했다. 하지만

1937년 7월 7일 일본군은 루거우차오 사건(盧溝橋事件)을 조작해 전면적인 침략 전쟁을 일으켰다. 그해 12월 국민정부의 수도인 난징을 점령한 일본군이 일으킨 대규모 민간인 학살 사건이 난징 대학살이다. 당시 난징에 있던 피치는 독일 지멘스사 난징지사장 욘 라베(John Rabe), 난징대학교 교수 마이너 S. 베이츠(Miner Searle Bates), 선교사 존 매기(John Magee) 등과 함께 민간인을 구출하기 위해 안전지대를 설정하고 이를 운영할 국제위원회를 조직했다. 또한 일본군의 전쟁 범죄를 전 세계에 알리는 노력도 기울였다. 이는 피치가 추구한 활동이 특정 국가의 이익에 좌우되지 않고 사람의 생명을 구하고자 하는 인도주의에 깊이 뿌리를 내리고 있었다는 사실을 보여준다.

부인 제럴딘 여사의 한국 독립 정당성 호소와 대미 외교 지원

피치 목사의 부인 제럴딘 피치도 한국 독립을 위해 열정적으로 노력했다. 피치가 중국에서 활동할 때 미국으로 돌아간 제럴딘 피치는 1941년 이승만이 만든 한미협회의 후견인을 맡아 임시정부를 미국 정부가 승인하도록 하는 활동을 벌였다. 1942

조지 피치와 제럴딘 피치 부부.
출처: 미상

년 3월에는 《뉴욕타임스》에 한국 독립의 정당성을 호소하는 기고문을 실어 임시정부에 대한 관심을 불러일으키는 데 주력했다. 제럴딘 피치는 1944년 한미협회 회장으로도 선출되었다.

피치 부부와 한국의 인연은 1945년 8월 광복 이후에도 이어졌다. 1947년 7월 7일 한국 YMCA 총간사로 임명되면서 한국에 온 피치 부부는 한국전쟁이 발발하기 전인 1949년까지 전국을 돌며 구호 작업에 앞장섰다. 1949년 8월 8일 미국으로 돌아간 이후에도 한국과의 관계를 지속하며 구호·원조 활동에 종사했다. 이러한 공로를 인정받아 피치는 1952년 1월 8일 대한민국 정부로부터 문화공로훈장을 수여받았다. 은퇴 이후 미국으로 돌아간 부부는 캘리포니아주 클레먼트 자택에서 여생을 보내다 제럴딘 피치는 1976년 84세로, 조지 A. 피치는 1979년 96세로 세상을 떠났다.

피치는 1968년 3월 1일 건국훈장 독립장을 수여받았다. 하지만 남편과 함께 독립운동을 물심양면 도왔던 부인 제럴딘 피치는 여태껏 아무런 서훈을 받지 못했다. 부부의 공로를 인정하면서도 남편에게만 서훈을 준 것은 독립유공자 개개인을 기리기 위한 서훈의 취지와 맞지 않을 뿐 아니라 시대에 뒤떨어진 가부장제를 극복하지 못했다는 비판을 피하기 어려워 보인다.

연보

조지 F. 피치

- 1845년 미국 오하이오주 에이번에서 출생
- 1870년 선교 위해 중국 이주
- 1888년 미국 장로교 선교회 중국지회장. 미화서관(美華書館) 책임자.

  종교지 《차이니즈레코더(The Chinese Recorder)》 편집장
- 1920년 한인구제회 이사
- 1921년 상하이 한인학교 인성학교 설립 자금 모집 고문위원
- 1923년 상하이에서 사망

조지 A. 피치

- 1883년 중국 쑤저우에서 출생
- 1906년 미국 오하이주 우스터대학 졸업. 뉴욕 컬럼비아대학교 연합

  신학대학원 진학
- 1909년 대학원 졸업. 장로교회 목사로 중국 YMCA 활동 위해 상하

  이 재입국
- 1910년 앨버타와 결혼

- 1919년 앨버타 사망

- 1924년 제럴딘과 재혼

- 1932년 상하이 홍커우공원 윤봉길 의거 이후 김구 피신, 안창호 석

  방 등 독립운동가 지원

- 1968년 건국훈장 독립장

- 1979년 사망

제럴딘 T. 피치

- 1892년 미국 미시간주 포레스터에서 출생

- 1917년 미시간주 앨비언대학 졸업. 감리교 선교사로 중국 파견

- 1942년 1월 창립된 한미협회 후견인으로서 대한민국임시정부 승인

  외교 주력. 3월 《뉴욕타임스》에 한국 독립 정당성 호소 기고문 게재

- 1976년 사망

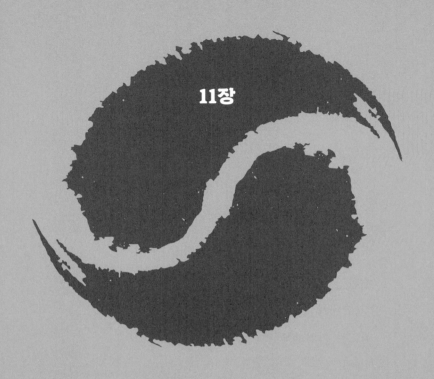

11장

독립유공자가 된
두 일본인의 특별한 이야기

가네코 후미코, 후세 다쓰지

가네코 후미코,
항일 투쟁에서 자아를 찾다

재판장이 말했다.

"피고에게 사형을 선고한다."

피고는 이렇게 외쳤다.

"만세!"

1926년 3월 25일, 일본 도쿄 법정에 20대 초반 여성의 목소리가 울려 퍼졌다. 재판장의 사형 선고와 동시에 터져 나온 뜻밖의 "만세" 소리는 법정을 메운 사람들의 심금을 울렸다. 죽음의 불구덩이 속에 스스로 몸을 던지려 한 이 여성은 일본인 신분으로 한국 독립운동에 헌신한 가네코 후미코(金子文子, 1903~1926)다.

가네코 후미코는 독립운동가 박열(朴烈, 1902~1974)의 아내다. 일본 가나가와현(神奈川県) 요코하마시(横濱市)에서 1903년 태어

났다. 가네코의 삶은 시작부터 순탄치 않았다. 아버지 사에키 분이치(佐伯文一)와 어머니 가네코 기쿠노(金子 キクノ)는 정식 혼인 관계가 아니었다. 아버지 반대로 호적에 오르지 못해 무적자(無籍者)로 자랐으며 입학할 나이가 되어서도 소학교에 들어갈 수 없었다. 어머니가 학교에 부탁해 겨우 다닐 수 있었지만 어머니의 생활 문제로 이곳저곳 떠돌며 여러 번 전학을 다녀야 했고, 소학교에서는 호적이 없다는 이유로 부당한 차별을 당했다.

가네코는 1912년 한국으로 건너왔다. 당시 한국에 살고 있던 친할머니가 가네코를 데리고 현해탄을 건넜다. 가네코는 충청북도 청주군 부용면 부강리(현 세종시 부강면 부강리)에 거주하던 이와시타 게이자부로(岩下敬三郎)의 양녀가 되어 이와시타 후미코(岩下文子)라는 이름으로 부강심상소학교(현 부강초등학교)에 다녔다. 가네코는 이와시타 집안 사람들에게 후계자로 인정받지 못해 한국에서도 식모보다 못한 대우를 받으며 힘든 나날을 보냈다. 가네코는 어린 시절 계속된 학대 속에서도 기죽지 않았다. 오히려 학대를 자기 자신을 찾는 동력으로 승화했다. 가네코는 어린 시절을 이렇게 회고했다. "자기 자신이라는 것을 가져본 적이 없다. 아무 어려움 없이 컸다면 아마 나는 내가 그렇게도 미워하고 경멸하는 그런 사람들의 사상이나 성격이나 생활을 그대로 받아들여 결국 나 자신을 찾지 못했을 것이다. 그러므로 그 모두에게 고맙다."

가네코는 1919년 3·1운동을 목격했다. 3·1운동에 대해 "권력에 대한 반역 정신이 일기 시작하여 남의 일이라고 생각되지 않는 감격이 가슴에 솟아올랐다"라고 했다. 가네코는 만세 시위가 한창이던 그해 4월, 7년 만에 일본으로 돌아가 학업을 위해 1920년부터 도쿄에서 살기 시작했다. 좋은 기억이라고는 없는 가족들과는 인연을 끊었다. 낮에는 공부하고 밤에는 신문팔이와 식당 종업원으로 일하며 고학을 했다. 주경야독의 고된 생활 속에서 '나 자신의 일'을 찾아야 한다는 것을 깨우쳤다.

"나는 지금 확실히 알았다. 지금 세상에서는 고학 같은 것을 해서 훌륭한 인간이 될 턱이 없다는 것을. 아니 그뿐이 아니다. 소위 훌륭한 인간만큼 하찮은 것도 없다는 것을. 남들이 훌륭하다고 하는 일에 무슨 가치가 있을 것인가. 나는 남들을 위해 살고 있는 것이 아니다. 나는 나 자신의 진정한 만족과 자유를 얻지 않으면 안 되는 것 아닌가. 나는 나 자신이지 않으면 안 된다. 나는 지금까지 너무나 많은 타인의 노예로 살아왔다. 너무나 많은 남자의 노리개였다. 나는 나 자신의 삶을 살지 않았다. 나는 나 자신의 일을 하지 않으면 안 된다. 그렇다. 나 자신의 일을 말이다. 그러나 그 나 자신의 일이란 무엇일까. 나는 그것을 알고 싶다. 알아서 그것을 실행하고 싶다."

가네코는 당시 독일 철학자 막스 슈티르너(Max Stirner)의 《유일자와 그의 소유(Der Einzige und sein Eigentum)》를 탐독하며 '자신의 일'을 찾으려 했다. 슈티르너는 독일의 청년헤겔학파에 속하는 철학자로 후대의 허무주의, 실존주의, 정신분석 이론, 포스트모더니즘, 개인주의적 아나키즘에 영향을 끼쳤다. 가네코는 훗날 재판에서 "1922년 봄에 허무주의를 수용했다. 허무주의는 인류가 진정한 행복을 추구하기 위해 반역으로써 기성 관념을 모두

절멸시키고 억압에서 벗어난 자아가 사회 전체에 번성하는 것"
이라고 했다. 가네코가 자신의 일로 찾은 허무주의는 흔히 말하
는 허무주의가 아니라 슈티르너의 아나키즘을 의미한다. 가네
코는 감옥에서도 슈티르너의 책을 열심히 읽었고, 유품으로 남
겼다. 가네코는 사회주의자들, 아나키스트들과 교류했고, 아나
키스트 단체인 노동사(勞動社)에 가입했다. 1921년 여름 무렵에
는 원종린, 정우영, 김약수, 정태성 같은 한국인 공산주의자, 아
나키스트와도 교류했다.

가네코는 1921년 말 도쿄의 사회주의자들이 자주 모이던
이와사키 오뎅집에서 일하기 시작했다. 가네코는 이듬해 초 정
우영 소개로 박열을 만났다. 정우영이 발간을 준비하던 잡지
《청년조선》교정쇄에서 박열의 시 〈개새끼〉를 읽고 큰 감명을
받은 가네코는 박열을 실제로 만나자 더욱 끌리게 되었다. 두 사
람은 서로의 사상에 공감했고 민족 차이를 넘어 동지로서 함께
하면서 자연스럽게 동거를 시작했다. 박열은 1921년 11월 29일
원종린, 서상일, 신염파 등 무정부주의자들과 흑도회(黑濤會)를
조직하고 기관지 《흑도(黑濤)》를 발간했다. 흑도회는 특정한 사
상이 아니라 "자아로서 모든 것을 규율한다"라는 슈티르너의 개
인주의적 아나키즘과 맥을 같이했다. 가네코 역시 흑도회에 가
입했고,《흑도》등에 7편의 글을 발표했다. 일본인의 우월 의식

을 비판하고 조선인의 직접 행동을 촉구하는 내용이었다. 1923
년 4월에는 박열과 함께 도쿄에서 불령사(不逞社)를 조직하고, 의
열단을 통해 폭탄을 확보하려고 했다.

　가네코와 박열의 운명은 1923년 9월 1일 오전 11시 58분 도
쿄를 비롯한 간토(關東) 지방 일대에서 발생한 '간토 대지진'으로

급변했다. 지진 직후 "조선인들이 방화를 했다" "조선인들이 우물에 독약을 풀었다"라는 유언비어가 확산되었고, 각지에서 자경단이 조선인과 중국인을 대규모 학살하기 시작했다. 이를 막아야 할 경찰과 군대가 자경단과 협력하는 등 사실상 민관 합동 인종 학살로 최소 6000명, 많게는 2만여 명이 학살당했다. 요주의 인물로 감시를 받던 이들도 6380여 명이나 경찰과 계엄군에 연행되었다.

그 가운데 박열과 가네코도 있었다. 박열은 9월 2일 경찰에, 가네코는 다음 날 계엄군에 연행되었다. 그때까지만 해도 박열과 가네코가 간토 대지진 이후 발생한 양민 학살의 책임을 모면하기 위해 일본 정부가 조작한 대역 사건의 주인공이 될 것이라고 예상한 사람은 없었을 것이다. 경찰은 박열과 가네코를 '일정한 거주 또는 생업 없이 배회하는 자'라는 명목으로 구류 29일에 처하더니, 10월 20일에는 '혼란을 틈타 도쿄 대관의 암살을 기도한 불령선인 비밀 결사' 혐의로 기소했다. 이듬해 2월에는 폭발물 단속 위반 혐의, 1925년에는 대역죄까지 추가되었다. '천황·태황태후·황태후·황후·황태자 또는 황태손에게 위해를 가하거나 가하려 한 자'에 해당하는 대역죄는 재판이 1심에서 끝나고 유죄 판결을 받으면 사형에 처하도록 되어 있었다. 가네코와 박열은 제국주의를 강화하는 일본 천황에게 분노했고, 천

가네코 후미코와 박열의 재판 모습.
출처: 미상

황과 그의 가족을 암살하려고 모의했다는 것이 핵심 혐의였다. 물론 증거는 없었다.

가네코와 박열은 1926년 3월 25일 사형 판결 한 달쯤 전에 혼인 신고를 하고 옥중 결혼을 했다. 가네코는 재판에서 목숨을 구걸하기보다 저항을 택했다. 1926년 2월 26일 도쿄 대심원 법정 공판에서 한복 치마저고리를 입고 이름을 '박문자(朴文子)'라고 밝히며 사형 선고를 요구했다. 그해 3월 25일 사형 판결이 내려지자 "만세"를 외쳤다. 일본 검찰은 열흘 만에 무기징역으로 감형하는 사면을 재판부에 신청했다. 가네코는 사면장을 받아들고는 형무소장 앞에서 찢어버렸다. 가네코와 박열은 감형 직후 각각 도치기현의 우쓰노미야형무소 도치기지소와 지바현의 지바형무소로 이감되었다. 편지 교환을 비롯해 외부와 모든 연락이 단절된 속에서 단식 농성을 벌여가며 저항하던 가네코는 이감된 지 3개월 반가량 지난 7월 23일 사망했다. 향년 23세였다.

사망 원인과 관련해서는 여러 설이 분분한데, 공식적으로는 스스로 목숨을 끊은 것으로 되어 있다. 가네코는 옥중에서 자신의 가혹한 삶과 자유사상을 담은 《무엇이 나를 이렇게 만들었는가(何が私をこうさせたか)》라는 책을 집필했다. 동지들이 교도소로 몰려가 교도소에 가매장되어 있던 가네코 유골을 수습해 박열의 고향인 경북 문경 팔령산 기슭에 묻었다. 1973년에는 묘소를 정비하고 묘비를 세웠다. 2003년 12월 문경시 마성면에 박열의사기념공원이 조성되면서 가네코 유해는 기념관 앞으로 이장했다. 2018년 대한민국 정부는 한국 독립운동에 기여한 공로를 인정해 가네코에게 건국훈장 애국장을 추서했다.

박열은 1945년 10월 27일 홋카이도 변방의 아키타형무소에서 44세 중년이 되어 풀려났다. 한국으로 돌아온 박열은 한국전쟁 때 북한으로 갔는데 연행된 것으로 추정된다. 북한에서 1956년 7월 결성된 재북평화통일촉진협의회 상임위원장을 거쳐 회장이 되었다. 평양방송에 따르면 1974년 1월 17일 사망했다고 한다. 정부는 1989년 건국훈장 대통령장을 추서했다.

후세 다쓰지,
"살아서는 민중과 함께, 죽어서는 민중을 위해"

현재까지 독립유공자로 서훈을 받은 일본인은 딱 2명이다. 한 사람은 가네코 후미코이고 다른 한 사람은 "일본의 쉰들러"라고도 불렸던 변호사 후세 다쓰지(布施辰治, 1880~1953)다. 후세는 가네코와도 인연이 있다. 가네코와 박열의 변호를 맡았고, 가네코 사후 유해를 수습해 박열의 고향인 경북 문경으로 운구하는 데 참여하기도 했다.

후세는 일본 미야기현(宮城県) 이시노마키시(石巻市)에서 1880년 태어났다. 1899년 도쿄에 있는 메이지법률학교(현 메이지대학)에 입학했다. 1902년 졸업 후 판검사 등용 시험에 합격, 도치기현 우쓰노미야(宇都宮) 지방재판소 사법관 시보(현 검사)로 부임했다. 사회 환경과 법의 괴리로 고민하다 부임한 지 반년도 되지 않아 사표를 제출했다. 1903년 8월 도쿄로 돌아와 변호사로 일하기 시작했다. 변호사로 활동하면서 일제의 조선 침략에 관

24세 무렵의 후세 다쓰지.
출처: 미상

심을 갖기 시작했다. 1910년 일제의 강제 병탄 전후로 이를 비판하며 조선인과 독립 문제를 논의했다. 1911년 〈조선의 독립운동에 경의를 표함〉이라는 글을 써서 이를 문제 삼은 검사국으로부터 조사를 받기도 했다.

후세는 1919년 3·1운동 전후로 조선에 대해 본격적인 관심을 가졌다. 후세는 1919년 2·8독립선언으로 체포된 최팔용(崔八鏞), 백관수(白寬洙) 등 한국인 유학생 9명을 무료 변론하면서 한국 독립운동가들을 처음 만났다. 그는 일본이 체코 독립 보호를

명분으로 시베리아에 출병하면서 조선 독립운동은 왜 원조하
지 않느냐고 따지며 한국 독립운동의 정당성을 역설했다. 후세
는 한국을 여러 차례 방문했다. 1923년 7월 재일한국인 유학생
들이 결성한 사상 단체인 북성회(北星會) 주최 순회 강연회에 연
사로 참석하기 위해 처음 한국을 찾았다. '인간 생활의 개조 운
동과 조선 민족의 사명'이라는 주제로 감동적인 연설을 하고, 당
시 한국에서 진행되고 있던 '의열단 사건' 공판을 지원했다. 지
방 강연 일정 때문에 직접 법정에 나가지는 못했지만 변론 요지

를 전보로 보내는 등 여러 지원 활동을 펼쳤다.

일본 귀국 직후인 1923년 9월 1일 간토 대지진이 발생하면서 수많은 한국인이 무참히 학살당했다. 후세는 자유법조단 일원으로 사건을 조사하고 학살 책임이 일본 정부와 군부, 경찰과 자경단에 있다는 사실을 밝히려고 노력했다. 이런 활동은 자연스럽게 가네코와 박열의 변호를 맡는 것으로 이어졌다. 일본 천황과 황태자에게 폭탄을 투척하고자 했다는 대역 사건을 변호한다는 것은 목숨을 걸어야 하는 위험한 일이었다. 후세는 사형 판결에 이어 무기징역으로 감형된 뒤 옥사한 가네코의 유해를 거두어 자신의 집에 안치했다가 박열 고향으로 운구했다.

전라남도 나주군 궁삼면에서 농민들이 동양척식회사를 상대로 토지 반환 투쟁에 나서자 1926년 3월 두 번째로 한국을 방문했다. 일제에 핍박받는 한국 농촌의 처참한 실상과 식민 통치의 문제를 절감하고 이를 대변해 "조선 프롤레타리아의 벗, 변호사계의 반역아"라는 별명을 얻었다. 1927년 10월에는 '조선 공산당 사건' 변호를 위해 세 번째로 한국을 찾았다. 조선공산당 사건은 대규모 재판이었다. 피고만 해도 100명이 넘었고 변호사가 26명에 달했다. 후세는 일본 측 자유법조단 변호사 대표 자격으로 참여했다. 후세는 다른 변호사들과 투옥된 피고들을 방문해 재판을 준비했고, 재판 과정에서 불합리하거나 불법

적인 행위를 발견하면 즉각 항의하고 언론에 발표했다. 재판 과정에서 피고들에 대한 일본 경찰의 잔혹한 고문 실태가 폭로되어 항의 운동이 벌어지기도 했다. 그해 12월 공판의 최후 변론을 맡아 12명의 무죄 판결을 이끌어냈다. 당시 그가 피고들에게 보낸 편지에는 이런 내용이 있었다고 한다. "설사 아무런 도움이 되지 않는다 해도 당신들이 국가 권력의 위법한 검거와 취조에 항의하는 법정 싸움에 협력하는 것이 나의 의무라고 생각합니다."

후세는 '재일조선인 노동산업 희생자 구원회' 발기인 대표로도 참여했고, 1931년에는 김한경 등의 치안유지법 위반 사건을 변호했다. 1932년 일본공산당 사건을 변호하던 중 법정을 모독했다는 이유로 징계 재판에 회부되어 변호사 자격을 박탈당했다. 1933년에는 신문지법, 우편법 위반으로 기소되어 금고 3개월의 실형을 선고받았다. 1944년 2월에는 둘째 아들이 치안유지법 위반 혐의로 체포되어 교토형무소에서 옥사하는 아픔을 겪어야 했다.

후세는 출판·집필 활동도 왕성하게 했다. 3·1운동 직후인 1920년에는 한국에 대한 관심과 연대의 뜻을 담은 〈자기 혁명의 고백〉이라는 글을 발표했고, 1923년 간토 대지진 이후 일본 내에서 자행된 한국인 학살을 사죄하는 글을 한국 언론사에 보내기도 했다. 광복 후인 1946년에는 박열의 요청을 받아 《조선 건국 헌법 초안 사고》를 집필하고, 박열의 투쟁을 담은 《운명의 승리자 박열》을 출간했다. 《조선 건국 헌법 초안 사고》는 식민 통치에서 벗어나 새 국가를 건설해야 하는 한국에 영감을 주었고,《운명의 승리자 박열》은 박열과 가네코 사건을 세상에 알리는 데 기여했다.

후세는 패전 이후에도 계속되는 재일동포 차별에 맞서 다양한 공익 소송에 참여하다 1953년 9월 13일 암 투병 중 사망했다. 향년 73세였다. 장례식에는 많은 재일동포가 참석해 한일 연대 투쟁의 상징인 고인의 명복을 빌었다. 다음은 재일 승려 유종묵의 조전 내용이다. "선생님은 우리 한국인에게 친아버지 같고 큰형님 같으며 무엇과도 바꿀 수 없는 구세주 같은 존재였다. 이제 영원한 이별을 하게 되었다는 점에 대해 백 번, 천 번, 만 번 참을 수 없는 슬픔을 느끼며 진심으로 애도한다."

일본에서 활동하던 저술가 김일면은 1968년 후세를 다음과 같이 기록했다.

"권리가 전혀 없는 상태였던 재일한국인의 인권을 위해 최선의 노력을 아끼지 않은 변호사였다. 그분이야말로 한국인들이 결코 잊을 수 없는 은인이다. 만약 존경해야 할 일본인을 꼽아보라는 질문을 받는다면 나는 주저하지 않고 가와카미 하지메와 후세 다쓰지를 꼽을 것이다. 그는 한국 민중을 해방시킨 인물이었다. 한국인이라면 어떻게 그분을 잊을 수 있겠는가."

후세의 고향인 미야기현 이시노마키시에 건립된 현창비에는 그의 좌우명 "살아서는 민중과 함께, 죽어서는 민중을 위해"

가 새겨져 있다. 대한민국 정부는 일제의 식민 통치에 목숨 걸고 저항하며 한국 독립과 대한민국 건국에 기여한 공로를 기려 2004년 건국훈장 애족장을 추서했다. 2023년 5월에는 가네코와 후세를 '이달의 독립운동가'로 지정했다.

연보

가네코 후미코

- 1903년 일본 가나가와현 요코하마시에서 출생
- 1912년 한국 이주. 충청북도 청주군 부용면 부강리 거주. 부강심상소학교 입학
- 1919년 4월 일본 귀국
- 1922년 박열과 만남, 동거
- 1923년 4월 박열과 '불령사' 설립. 9월 1일 간토 대지진 발생. 9월 2일 박열 체포. 9월 3일 가네코 체포, 구속
- 1926년 3월 25일 사형 선고. 이후 무기징역으로 감형. 7월 23일 우쓰노미야형무소 도치기지소 수감 중 사망

- 2018년 건국훈장 애국장

후세 다쓰지

- 1880년 일본 미야기현 이시노마키시에서 출생
- 1899년 도쿄 상경. 메이지법률학교 입학
- 1902년 메이지법률학교 졸업. 판검사 등용 시험 합격 후 도치기현 우쓰노미야 지방재판소 사법관 시보(현 검사) 부임
- 1911년 도쿄 신주쿠 요쓰야에 법률사무소 개소, 본격 변호사 활동 시작. 첫 노동운동 관련 '도쿄시전 파업 사건' 변호
- 1919년 2·8독립선언으로 체포된 한국인 유학생 9명 무료 변론
- 1923년 7월 재일한국인 유학생 결성 사상 단체 '북성회' 주최 순회 강연회 연사로 첫 방한
- 1926년 3월 두 번째 방한. 농민들의 동양척식주식회사 대항 운동 진상 조사. 박열·가네코 후미코 대역 사건 변호
- 1927년 10월 세 번째 방한. 조선공산당 사건 변호
- 1953년 사망
- 2004년 건국훈장 애족장

12장

세상을 향해
대한독립을 외친 언론인들

베델, 매켄지, 스토리

영국은 "신사의 나라"로 불린다. '신사'하면 영화 〈킹스맨〉에서 멋진 정장 차림으로 공공의 적을 무찌르는 이미지를 떠올리는 이들이 적지 않을 듯싶다. 하지만 모든 영국인이 정의의 사도와 같은 신사의 품격을 갖추고 있지는 않다. 여느 나라처럼 강자에게 약하고 약자에게 강한 이들도 있을 것이다.

하지만 자신의 조국도 아닌 다른 나라의 운명을 바꾸기 위해 목숨을 아까워하지 않은 이들이 있다면, 강자인 일제에 맞서 약자인 대한민국의 독립을 위해 헌신한 이들이 있다면, 이들이야말로 진정 신사라고 할 수 있지 않을까. 우리나라 독립을 위해 싸운 공로를 인정받아 대한민국 정부로부터 서훈을 받은 영국인은 2024년 11월 기준 6명이다. 어니스트 T. 베델(1950년 대통령장), 조지 L. 쇼(1963년 독립장), 프레더릭 매켄지(2014년 독립장), 프레더릭 B. 해리스(1950년 독립장), 더글러스 스토리(2015년 애족장), 어거스틴 스위니(1999년 애족장)이다. 이들 가운데 세 사람은 꺾이지 않는 붓으로 대한독립을 외쳤던 언론인들이었다.

어니스트 T. 베델,
항일운동 선봉에 선《대한매일신보》를 발행하다

"누구의 도움도 받지 않고 오로지 자신의 힘과 의지만으로 조선인을 위해 싸웠다."

어니스트 T. 베델(Ernest Thomas Bethell, 1872~1909; 어네스트 토마스 베델)을 주인공으로 한 소설《고양이와 왕(The Cat and the King)》에 묘사된 베델의 면모다. 베델은 일제의 침략과 압제에 맞서 대한독립을 쟁취하기 위해 자신의 의지로 불구덩이에 몸을 던진 독립투사로, 영국인으로 태어나 배설(裵說)이라는 한국 이름으로 한국 땅에 묻혔다.《고양이와 왕》은 미국 언론인이자 시나리오 작가인 로버트 W. 리치(Robert Welles Ritchie, 1879~1942)가 미국 대중 소설 잡지《포퓰러매거진(The Popular Magazine)》(1912년 12월 하반호)에 발표한 팩션으로, 그의 또 다른 작품인《황제의 옥새(The Great Cardinal Seal)》(1914년 11월 상반호)와 함께 대한제국을 배경으로 베델을 주인공으로 다루었다. 두 소설은 빌리라는 미국인이 과거 대한제국에서 베델과 함께했던 모험을 회상하는 형식인데, 저자

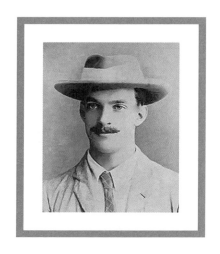

어니스트 베델.

출처: 배설(베델)선생기념사업회

가 베델을 직접 인터뷰해 들은 역사적 증언을 바탕으로 한 작품이어서 베델의 면모를 살피기에 유용하다. 두 소설은 2018년 《서울신문》이 발굴해 보도하면서 세상에 알려지게 되었다.

베델은 1872년 영국 남서부에 있는 항구 도시 브리스틀 (Bristol)에서 3남 2녀 가운데 장남으로 태어났다. 브리스톨은 과거 대영제국의 무역 거점이자 노예 무역의 전초 기지였다. 현재 인구는 약 45만 명으로 우리나라 제주시 정도 규모다. 어린 시

절 완구점을 경영하는 아버지를 따라 런던으로 이주한 베델은 집안이 가난해 고등학교를 간신히 졸업했다. 1888년 아버지 사업을 돕고자 일본으로 간 그는 고베에서 16년간 살면서 무역업을 하며 경제적 성공과 실패를 모두 맛보았다.

베델은 32세 때인 1904년 3월 10일 런던에서 발행하는《데일리크로니클(Daily Chronicle)》특파원으로 한국 땅을 처음 밟았다.

그해 2월 8일 발발한 러일전쟁을 취재하는 종군기자 자격이었다. 부임 한 달쯤 뒤인 4월 16일 자에 '경운궁 화재 사건'을 특종 보도한 후 해임되었다. 친일 성향인 《데일리크로니클》의 논조와 베델이 맞지 않았기 때문이다. 1902년 일본과 영일동맹을 체결한 영국은 러일전쟁에서 일본이 승리할 수 있도록 대규모 전쟁 비용을 대출해주는 등 도움을 아끼지 않았다. 일본을 통해 러시아의 세력 확장을 저지하는 것이 영국의 국가 전략인 시대였다.

베델은 그해 7월 18일 뜻이 맞는 한국인들과 함께 국한문판과 영문판을 하나로 묶은 《대한매일신보》(영문판 《The Korea Daily News》)를 창간했다. 1905년 8월 11일 이후부터는 국한문판과 영문판을 따로 발행했고, 1907년 5월 23일 자부터는 순한글판을 추가했다. 베델은 발행인 겸 편집인이었고, 양기탁(총무)과 박은식(주필), 신채호·최익·장달선·황희성(필진) 등이 참여했다.

《대한매일신보》는 창간 즉시 매서운 필력을 발휘했다. 1904년 7월 22일 자 영문판에 당시 외무협판 윤치호의 〈황무지 개간 계획〉이라는 글을 실어 일본의 부당한 요구를 비판하는 여론을 조성했다. 일본은 1904년 6월 대장성 관리를 지낸 나가모리 도키치로(長森藤吉郎)를 내세워 전국의 황무지 개척권을 50년 간 위임하라고 압박했다. 한국 주권 침탈의 일환으로 전 국토의 30%를 통째로 약탈하겠다는 야욕을 노골적으로 드러냈다. 《대

《대한매일신보》한글전용 첫 호 1면.

출처: 《대한매일신보》, 1907년 5월 23일

한매일신보》를 통해 여론이 들끓자 일본은 '황무지 개간 계획'
을 철회했다.

1905년 11월 27일 을사늑약에 반대하는 장지연의 논설 〈시
일야방성대곡(是日也放聲大哭)〉을 영어로 번역해 영문판 호외로

발행했다.

1907년 1월 16일 자에는 고종이 영국 일간지《트리뷴(Tri-bune)》특파원 더글러스 스토리에게 준, 을사늑약의 불법성을 폭로한 밀서(密書) 사진을 게재했다. 대한제국 국새가 찍힌 밀서의 골자는 '을사늑약은 한국 황제가 동의하지도, 서명하지도 않았다'는 것이다. 1월 23~24일 자 논설란에는〈스토리 씨 수서(受書)〉라는 제목의 글을 게재, 이 밀서를 부정하는 일본과 친일 내각의 주장을 반박했다. 일제의 협박으로 고종의 밀서가 가짜라고 낙인찍히면 고종의 진심이 왜곡될 것을 우려해 밀서의 진상을 낱낱이 밝혔다. 1907년 2월부터는 국채보상운동을 전개하며 관련 논설과 미담, 의연금 명단을 대대적으로 실어 국권회복운동을 도왔다.

베델과《대한매일신보》는 일본 궁내대신(현 국내청 장관) 다나카 미쓰아키(田中光顯)가 무뢰배들을 동원해 강탈해 간 개성 경천사지 십층석탑(국보 제86호) 환수에도 큰 역할을 했다. 경천사 탑은 1348년(고려 충목왕 4년) 제작된 10층(3단 기단 제외)짜리 대형(13미터) 대리석 석탑으로, 경기도 풍덕군 부소산 절터에 세워져 있었다. 1907년 2월 황태자(순종) 혼례식에 참석한 다나카가 '선물'로 요구했다가 거절당한 뒤 막무가내로 일본으로 가져가버렸다. 베델은 미국인 선교사이자 한글학자, 언론인인 호머 헐버트와 함께 이 사건을 파헤쳤고, 《대한매일신보》는 1907년 3월 7일 첫 보도를 시작으로 6월까지 3개월간 집요하게 추적 보도를 이어갔다. "일본의 특사 다나카 궁내대신의 흉계로 무기를 가진 일본인들이 경천사탑을 급습하여 탑을 해체한 뒤 실어갔다고 한다."(3월 7일) "고종 황제의 허락을 얻었다는 것은 꾸며낸 말이다."(4월 13일) "석탑을 빨리 되돌려보내 잘못을 사죄하라, … 일본으로선 역사의 무한한 수치가 될 것."(6월 5일) 다나카는 "고종이 탑을 기증했다"라고 강변했지만 《대한매일신보》 보도로 새빨간 거짓말이었음이 만천하에 드러났다. 결국 경천사탑은 1918년 11월 15일 약탈한 상태 그대로 포장도 뜯지 않은 채 반환되었다.

항일운동 선봉에 섰던 《대한매일신보》는 1907년 기준 발행 부수가 1만 3000부에 달했다. 당시 모든 신문의 총 발행 부수보다 많았으며, 여론 형성에 큰 역할을 했다. 그런 만큼 일본은 베델을 눈엣가시로 여겼다. 초대 조선통감이었던 이토 히로부미가 베델을 두고 한 말에서 일본이 베델과 《대한매일신보》를 얼마나 부담스러워했는지 느낄 수 있다. "이 이토의 백 마디 말보다 신문의 일필(기사)이 한국인을 감통(느낌이나 생각이 통함)시키는 힘이 크다. 그중 일개 외국인의 《대한매일신보》는 일본 시책을 반대하고 한국인을 선동함이 계속되니 통감으로서 가장 힘든

일제의 압박이 본격화되던 1907년 베델 가족사진. 왼쪽부터 베델, 부인 메리 모드 게일, 아들 허버트 오언 친키 베델(1901~1964). 프레더릭 매켄지가 촬영했다.

출처: 배설(베델)선생기념사업회

일이 아닐 수 없다."

　베델을 직접 탄압할 수 없었던 일본은 동맹국인 영국 정부를 움직였다. 결국 일본의 요구에 응답해 영국 정부는 베델을 두

번이나 법정에 세웠다. 첫 번째 재판은 1907년 10월 14일과 15일 이틀간 서울 중구 정동에 있는 주한영국총영사관에서 열렸다. 한국인과 영국인, 일본인이 동석한 동북아 최초의 국제 재판이었다. 주한영국총영사 헨리 코번(Henry Cockburn, 1871~1938)이 판사 자격으로 참석했다. 베델에게 적용된 혐의는 '치안 방해'였다. 일본은 "베델이 《대한매일신보》를 통해 조선인들의 폭동을 선동한다"라고 주장했다. 코번은 베델에게 6개월 근신형을 명하고 보증금 300파운드를 납부하게 했다. 일본은 영국 정부가 베델에게 지나치게 관대한 판결을 내렸다며 실망스럽다는 반응을 보였다.

첫 번째 판결에도 불구하고 베델은 항일 논조를 더욱 강경하게 이어갔다. 1908년 4월 17일 자에 노골적인 친일 활동을 폈던 미국 외교관 더럼 W. 스티븐스(Durham White Stevens, 1851~1908)를 장인환(張仁煥, 1876~1930)·전명운(田明雲, 1884~1947) 의사가 암살한 사건을 대서특필하며 민족의식을 고취한 일이 대표적이다. "만일 양씨[장인환·전명운]의 피가 아니면 우리의 원통한 것을 세계 만국에 공표했을까. 오호라. 한국 독립은 곧 오늘이요. 한국 자유는 곧 오늘이니 우리의 큰 뜻을 이룰 날이오."

이에 일본은 영국에 "베델을 추방해달라"라고 대놓고 요구했다. 영국은 일본과의 관계 악화를 우려해 다시 한 번 그를 법정에 세웠다. 그렇게 해서 두 번째 재판이 1908년 6월 15일부터 사흘 동안 주한영국총영사관에서 열렸다. 이번에는 기존 '치안 방해' 혐의에 '공금 횡령'이 추가되었다. 베델이 국채보상운동 과정에서 모은 의연금을 마음대로 썼다는 죄목이었다. 이 재판 은 미국 AP통신이 직접 참관하며 취재할 정도로 국제적 관심이 컸다. 판사는 이번에도 영국총영사 코번이 맡았다. 코번은 베델 에게 3주간 금고형(복역 후 6개월 근신 포함)을 판결했다. 당시 한국에 는 영국인 구금 시설이 없었다. 영국은 베델을 중국 상하이에 있 던 영국영사관 감옥으로 보내기로 했다. 판결 이틀 뒤인 6월 20 일 베델은 서울역에서 기차로 인천으로 이송되었다. 당시 인천 과 상하이 간 정기 배편이 없어 영국 군함 '클리오'함이 인천으 로 들어와 베델 단 한 사람을 태우고 중국으로 출항했다.

베델은 7월 11일 금고형을 마치고 출소해, 17일 조선에 돌 아왔다. 옥살이를 하며 급격히 건강이 나빠진 데다 일제의 지속 적인 감시와 압박까지 겹쳤다. "일제는 끊임없이 베델을 위협했 다. 그의 우편물을 하나도 거르지 않고 검열했고, 그가 거느리는 하인들을 갖가지 구실로 위협하거나 체포했다. 그의 집 주변에 는 첩자가 그림자처럼 도사리고 있었다." 영국《데일리메일(Daily Mail)》종군기자로 당시 한국에 파견되었던 프레더릭 매켄지의 회고다.

베델은 일제의 극심한 탄압과 건강 악화로 이듬해인 1909년 5월 1일 서른일곱의 꽃다운 나이에 숨을 거두었다. 그는 마지막 가쁜 숨을 몰아쉬며 동지인 양기탁의 손을 잡고 짧은 유언을 남겼다. "내가 죽더라도 《대한매일신보》는 영생해서 대한 민족을 구해주오!" 베델의 관은 태극기와 영국기를 함께 덮었으며, 그의 시신은 양화진외국인선교사묘원에 안장되었다. 대한민국 정부는 베델의 공로를 기려 1950년 건국훈장 대통령장을 추서했다.

베델 서거 뒤 박은식과 양기탁은 다음과 같은 시를 남겼다. "구주[유럽]의 열혈남아가 조선의 어둠을 씻어냈네."(박은식) "대영(영국) 남자가 대한에 와서 캄캄한 밤중을 밝게 비추었네."(양기탁)

베델은 오늘날 한영 친선의 상징적인 인물이 되었다. 2023년 11월 21일 대한민국 대통령은 영국 국빈 방문 중 의회 연설에서 《대한매일신보》와 이를 창간한 베델을 언급하며 양국의 오래된 우호 관계를 강조했다. 2023년 2월 3일 대한민국 국가보훈부 장관은 영국에서 베델의 후손 토머스 오언 베델을 만난 자리에서 한영 수교 140주년과 한국전쟁 정전 70주년을 맞아 베델의 생가가 있는 브리스톨에 베델 동상 건립을 추진하겠다고 발표했다. 이 동상이 건립되면 해외에 세워지는 첫 외국인 독립운동가 동상이 된다.

프레더릭 A. 매켄지,
항일 의병의 결사 항전 의지를 전 세계에 알리다

"우리는 어차피 싸우다 죽게 되겠지만 괜찮습니다. 일본의 노예가 되어 사느니 자유민으로 죽는 것이 훨씬 좋습니다."

구한말 항일 의병들의 각오다. 의병들의 이러한 죽음을 불사한 대일 항전과 독립 의지를 전 세계에 알린 외국인이 있다. 드라마 〈미스터 션샤인〉(2018)으로 재조명된 영국 《데일리메일》 극동 특파원 프레더릭 A. 매켄지(Frederick Arthur Mackenzie, 1869~1931; 프레드릭 에이 맥켄지)다.

매켄지는 1869년 캐나다 퀘벡(Quebec)에서 태어났다. 1900년 영국 런던에서 발간되는 일간지 《데일리메일》에 입사, 기자 생활을 시작했다. 1904년 2월 8일 러일전쟁이 일어나자 종군기자로 일본을 거쳐 한국을 방문했다. 당시 매켄지는 일본 육군의 종군기자로 활동했으며, 러시아를 거쳐 영국으로 돌아갔다. 1905년 종군기자로 활동하며 취재했던 기록을 모아 《도쿄에서 트빌리시까지: 검열받지 않은 편지(From Tokyo to Tiflis: Uncensored Letters from the War)》를 출간했다. 매켄지는 1906년 여름 한국을 다시 찾았다. 1907년 말까지 약 1년 6개월간 머무르며 일제가 자행한 고종 강제 퇴위와 군대 해산 과정을 목격했다. 일제의 이

프레더릭 A. 매켄지.
출처: 미상

러한 침탈에 항의해 전국 각지에서 항일 의병이 궐기하고 있다는 소식도 들었다.

매켄지는 항일 의병에 지속적으로 관심을 기울이다가 그들을 직접 찾아보기로 결심했다. 경기 이천, 충북 제천·충주, 강원 원주를 거쳐 의병이 자주 출몰한다는 경기 양평으로 향했다. 매켄지는 의병을 찾아다니는 도중에 일본군의 만행을 여러 곳에서 목격했다. 이천에서는 일본군 때문에 70~80호 정도 되는 마을이 불타 폐허가 된 것을, 제천에서는 시내 전체가 잿더미로 변한 참상을 봤다. 일본군은 집을 불태우지 말아달라고 애원하는 노인을 총으로 쏘아 죽였다. 심지어 10살짜리 여자아이도 총을 쏴 죽였다. 한 임신부는 해산이 가까워 집에 누워 있다가 참변을 당했다. 목불인견(目不忍見)이었다. 매켄지는 훗날 자신의 저서에서 제천의 상황에 대해 "지금까지 이렇게 심한 참사는 본 적이 없었다. 제천은 한 달 전만 해도 사람들이 붐볐고 풍요로웠는데, 지금은 검은 잿더미만 남아 벽, 기둥, 장독, 그 어느 하나 성한 것이 없다"라고 썼다.

매켄지는 양평에서 숙소를 잡았을 때 드디어 의병 대여섯 명을 만났다. 매켄지에 따르면 그들은 모두 18세에서 26세 정도 되는 청년이었다. 한 청년은 준수하고 훤칠했으며, 한국 정식 국군 제복을 입고 있었다. 다른 두 사람은 군복 바지, 또 다른 두 사람은 초라한 누더기 한복 차림이었다. 그들이 지닌 총은 다 제각각이었는데 어느 것 하나 성한 것이 없었다. 매켄지는 "의병의 영롱한 눈초리와 자신만만한 미소를 보고 그들의 애국심을 보았다"라고 했다. 의병들은 매켄지에게 "우리는 어차피 싸우다 죽게 되겠지만 괜찮습니다. 일본의 노예가 되어 사느니 자유민으로 죽는 것이 훨씬 좋습니다"라며 항일 결사 항전 의지를 밝혔다.

매켄지가 찍은 의병 사진.

출처 : 《한국의 비극(The Tragedy of Korea)》(New York; E. P. DUTTON & CO.),
1908, 206쪽.

숙소를 떠난 매켄지는 자갈과 모래가 깔린 강변에서 의병
20여 명과 마주쳤다. 신식 군대의 제복을 입은 청년이 그들을
이끌고 있었다. 14~16세 정도 되는 소년들도 있었다. 매켄지는
이 의병들의 사진을 찍었는데 이 사진이 지금까지 유일하게 남
은 '항일 의병의 생생한 진짜 모습'이다. 사진 속 의병들의 모습
은 드라마 〈미스터 션샤인〉의 엔딩 장면에 등장해 화제를 모으
기도 했다.

의병 취재 활동을 끝낸 매켄지는 영국으로 돌아가 집필에 매진했다. 1907년 《베일을 벗은 동양(The Unveiled East)》을 출간했는데 이 책 부록에 〈한국인은 일본의 통치에 반대하고 있다〉라는 글을 실었다. 1908년에는 일제의 침탈과 독립운동, 항일 의병 활동상을 직접 취재한 내용과 그 실상을 담은 《한국의 비극(The Tragedy of Korea)》을 출간했다. 이 책에 자신이 찍은 의병들 사진을 수록했다. 매켄지는 1910년 영국 일간지 《타임스》로 이직해 1914년까지 근무했다. 일본이 한국을 강제 병합한 이후 다시 한국을 찾은 매켄지는 1919년 전국에서 벌어진 3·1운동을 목격했다. 그는 1919년 4월 제암리에서 일어난 학살 사건에 주목, 당시 현장을 목격한 캐나다 선교사 스코필드의 보고를 토대로 기사화했다.

이승만은 1919년 9월 대한민국임시정부 대통령 자격으로 매켄지에게 훈장을 수여했다. 멕켄지는 그해 11월경에는 독립운동가 김규식에게 한국의 독립을 위해 홍보 사업 분야에서 가능한 모든 것을 다하겠다고 약속했다. 1920년 매켄지는 3·1운동 취재 경험을 토대로 《자유를 위한 한국인의 투쟁(Korea's Fight for Freedom)》을 저술했다. 1920년 10월 26일에는 영국 런던에서 한국 독립운동을 지원하기 위해 한국친우회(韓國親友會, The League of Friends of Korea)를 결성했다. 하원 의사당에서 개최된 창립식에는 영국 국회의원 17명, 에든버러대학교 총장을 포함한 학자 6명, 신문기자 4명, 교회 목사 9명, 귀족 3명 등 영국 유력 인사 62명이 참석했다. 매켄지는 창립식 연설에서 "한국인의 자유와 정의를 위해 친우회를 조직했습니다"라고 밝혔다.

매켄지는 1921년 미국에서 발간되는 일간지 《데일리뉴스(Daily News)》로 이직해 1926년까지 근무했으며, 이승만을 돕기도 했다. 1931년 캐나다의 자택에서 운명했다. 대한민국 정부는 그의 공훈을 기려 2014년 건국훈장 독립장을 추서했다.

더글러스 스토리, 을사늑약의 불법성을 폭로하다

〈한국의 호소, 《트리뷴》에 보낸 황제의 성명서, 일본의 강압, 그리고 강대국들의 개입 요청(Korea's Appeal, Statement to the Tribune, Japanese Coercion, and Request for Intervention by the Great Powers)〉.

1906년 2월 8일 외국 신문에 실린 기사 제목이다. 고종의 밀서를 토대로 을사늑약의 불법성을 전 세계에 폭로한 이 기사는 큰 파장을 일으켰다. 일제의 불법적인 한국 약탈을 세계 도처에 알리며 한국 독립을 지원했던 이 사람은 영국 언론인 더글러

스 스토리(Robert Douglas Story, 1872~1921; 더글라스 스토리)였다.

　　스토리는 러일전쟁에서 일본이 승리한 직후인 1905년경부터 한국 문제에 관심을 가졌다. 1905년은 한국의 국권이 심각하게 위협을 받던 시기였다. 러일전쟁에서 승리한 일본은 1905년 10월 이토 히로부미를 대한제국 황실 위문 특파대사로 임명했다. 이토는 같은 해 11월 대한제국에 들어와 강압과 협박을 동원해 '을사조약'을 체결했다. 이 조약으로 인해 대한제국은 외교권을 박탈당했고, 1906년 2월 통감부가 설치되었다.

스토리는 당시 중국 베이징에서 런던의 일간지 《트리뷴》 특파원으로 활동하고 있었다. 그는 그곳에 주재하던 대한제국 외교관의 어려운 형편을 보고 한국 문제에 관심을 갖기 시작했다. 상하이에서 고종의 측근들을 만나 한국의 상황을 알게 되었고, 그들을 통해 황궁과 직접 연락할 수 있게 되어 을사늑약의 실체를 조사할 수 있는 발판을 마련했다. 이후 일본으로 건너가 요코하마, 도쿄에서 을사늑약에 대해 좀 더 취재했고, 1906년 1월 고베에서 배편으로 부산에 도착한 뒤 상경했다. 스토리는 상하이에서 만났던 고종의 측근을 통해 고종과 연락을 주고받았다. 그해 1월 말 고종의 밀사가 스토리를 찾아와 국새가 날인된 고종의 밀서를 전하며 보도를 부탁했다. 밀서에는 을사늑약과 달리 고종의 인장이 선명하게 찍혀 있었다.

고종의 밀서는 여섯 조목으로 구성되어 있었는데, 내용은 다음과 같다.

1. 1905년 11월 17일 박제순과 하야시가 서명한 조약에 한국의 황제 폐하께서는 동의하지도 않았고 또한 서명도 하지

않았다.

2. 한국의 황제 폐하께서는 일본의 언어로 공포된 조약의 조항들을 반대한다.

3. 한국의 황제 폐하께서는 한국의 주권을 선언하였고 그 주권이 외국 강대국에 넘겨지는 어떤 조치도 반대한다.

4. 일본에 의해 공포된 조약에 관련된 조건은 외국 강대국들과 외교권에 관한 것이었다. 한국의 황제 폐하께서는 한국의 내정을 지배하는 일본의 장악을 결코 공인한 적이 없다.

5. 한국의 황제 폐하께서는 일본으로부터의 통감 지명을 결코 승인한 적이 없고, 한국에서 황제의 권한을 행사할 일본인의 임명을 상상조차 한 적이 없다.

6. 한국의 황제 폐하께서는 다른 강대국들이 한국의 외교 업무를 성의를 가지고 관장하되, 5년을 초과하지 않는 기간 동안 공동 보호로 활동하기를 초대한다.

한국 황제 폐하의 손과 인장하에서 마쳐짐.

1906년 1월 29일

일본의 침략이 부당하며 일본이 배타적으로 한국을 지배하지 못하도록 열강에 도움을 요청하는 내용이었다. 사태의 심각성을 인식한 스토리는 고종의 밀서를 갖고 서둘러 한국을 떠

나 중국 산둥성 즈푸(芝罘)로 향했다. 스토리는 고종에게 받은 밀서 내용과 자신이 취재로 알게 된 한국의 실정을 기사로 작성해 런던의 《트리뷴》 본사에 송고했다. 이 기사는 1906년 2월 8일 《트리뷴》 3면에 〈한국의 호소, 《트리뷴》에 보낸 황제의 성명서, 일본의 강압, 그리고 강대국들의 개입 요청〉이라는 제목으로 게재되었고, 고종이 승인한 6개 조항의 내용이 소개되었다. 이 기사는 로이터통신을 통해 세계 각지로 전파되었다.

주영일본대사관은 즉각 스토리 기사에 대해 강력히 항의했고, 스토리는 2월 10일 자 《트리뷴》 기사에서 이를 반박했다. 1906년 10월부터는 〈동양의 미래(The Future in the Orient)〉라는 시리즈 기사를 연재하면서 12월 1일 자에 고종의 밀서 사진과 전문을 게재해 을사늑약이 일본의 강요로 체결된 것임을 다시금 널리 알렸다. 고종의 밀서 사진은 1907년 1월 16일 자 《대한매일신보》에도 실렸다. 1907년에는 《트리뷴》 시리즈 기사를 엮어 《동양의 내일(Tomorrow in the East)》이라는 단행본으로 출간했다. 이 책 속 한국 관련 내용은 《고종 황제의 밀서》(글내음, 2004)라는 제목으로 번역 출간되었다.

기자로 왕성하게 활동하던 스토리는 1921년 운명했다. 대한민국 정부는 그의 공훈을 기려 2015년 건국훈장 애족장을 추서했다.

연보

어니스트 T. 베델

- 1872년 영국 브리스틀에서 출생
- 1904년 3월 10일 런던 《데일리크로니클》 한국 특파원으로 방한
- 1904년 7월 18일 《대한매일신보》 창간
- 1905년 11월 27일 장지연의 〈시일야방성대곡〉 호외 발행
- 1907년 1월 16일 고종 황제 밀서 사진 게재. 10월 14~15일 치안 방해 혐의 첫 재판, 6개월 근신형
- 1908년 6월 15~17일 치안 방해와 공금 횡령 혐의로 두 번째 재판, 3주 금고형(복역 후 6개월 근신 포함). 7월 11일 출소
- 1909년 사망
- 1950년 건국훈장 대통령장

프레더릭 A. 매켄지

- 1869년 캐나다 퀘벡주에서 출생
- 1900년 영국 런던 일간지 《데일리메일》 입사
- 1904년 2월 8일 러일전쟁 때 종군기자로 일본 거쳐 첫 방한

- 1905년 종군기자 취재기 《도쿄에서 트빌리시까지: 검열받지 않은 편지》 출간

- 1906~1907년 방한. 경기 이천, 충북 제천·충주, 강원 원주, 경기 양평 등지 의병 취재

- 1907년 《베일을 벗은 동양》 출간

- 1908년 《대한제국의 비극》 출간

- 1910년 영국 일간지 《타임스》로 이직

- 1920년 10월 26일 영국 한국친우회 결성

- 1921년 미국 일간지 《데일리뉴스》로 이직

- 1931년 캐나다 자택에서 운명

- 2014년 건국훈장 독립장

더글러스 스토리

- 1872년 영국에서 출생

- 1905년 중국 베이징에서 《트리뷴》 특파원으로 근무

- 1906년 1월 방한, 고종 밀사 접촉. 2월 8일 《트리뷴》에 〈한국의 호소, 《트리뷴》에 보낸 황제의 성명서, 일본의 강압, 그리고 강대국들의 개입 요청〉 기사 게재. 10월부터 〈동양의 미래〉 시리즈 기사 연재.

12월 1일 시리즈 기사에 고종의 밀서 사진과 전문 게재

● 1907년 《동양의 내일》 출간

● 1921년 사망

● 2015년 건국훈장 애족장

13장

한국 독립 위해
100만 인 서명운동 주창한
프랑스 정치인

루이 마랭

한국인보다 더
한국을 사랑한 루이 마랭

"한국 독립을 위해 100만 인 서명운동을 펼칩시다!"

1921년 6월 23일 프랑스 파리 한국친우회(Les Amis de la Corée) 창립식. 한 프랑스 정치인이 한국 독립의 당위성을 목청껏 외치며 범국민 서명운동을 주창했다. 우렁찬 목소리가 길게 울려 퍼졌다. 참석자들은 열렬히 박수를 보내며 환호했다. 한국인보다 더 한국을 사랑한 '푸른 눈의 독립투사' 루이 마랭(Louis Marin, 1871~1960)이었다.

마랭은 3·1운동, 파리강화회의, 윤봉길 의거 등 항일 투쟁사의 굵직한 사건에서 빼놓을 수 없는 인물이다. 1905년 10월 뫼르트에모젤 지역(Meurthe-et-Moselle département) 하원 의원에 당선된 후 1951년까지 총 열두 차례 하원 의원으로 선출되었고, 다섯

루이 마랭.
출처: 미상

차례 장관으로 일했다. 이런 거물 정치인이 한국 독립운동을 지
원했다는 것 자체가 쉽지 않은 일이었다. 한국 독립 지원 단체인
한국친우회를 설립하고 초대 회장을 맡은 마랭은 프랑스인으로
는 유일하게 독립운동 공로를 인정받아 2015년 건국훈장 애국
장에 추서되었다.

　마랭은 1871년 2월 7일 프랑스 동북부 로렌 지방(Lorraine ré-
gion) 뫼르트에모젤 지역의 작은 마을 포(Faulx commune)에서 태어

났다. 이곳 주민은 오랫동안 독일의 침입에 뿌리 깊은 반감을 품고 있었다. 한국인에게는 알퐁스 도데가 쓴 단편소설 〈마지막 수업〉(1873)의 배경이 되는 알자스로렌 지방으로 잘 알려져 있다. 마랭의 아버지는 공증인이었고, 어머니는 마랭 출생 2주 후 사망했다. 어려운 환경 속에서도 학업에 정진한 마랭은 학창 시절 명민하다는 평을 들었으며, 대학에서 법학을 전공했다. 마랭은 청년 시절 세계 여러 곳을 여행하며 견문을 넓혔다. 1891년 독일, 1892년 루마니아, 세르비아, 알제리, 1899년 그리스, 폴란드, 러시아, 스칸디나비아, 아르메니아, 투르키스탄, 1901년 시베리아, 만주, 한국, 1902년 스페인, 포르투갈, 1903년 소아시아를 방문했다.

마랭은 1901년 한국을 여행하면서 한국에 애정을 갖게 되었다. 그는 조르주 뒤크로(Georges Ducrocq)와 함께 쓴 여행기에서 "한국은 극동의 프랑스이며, 한국민은 순수하고 친절하다"라고 호평했다. 귀국 후에도 대한제국 관련 학술 논문을 7편이나 발표해 한국에 대한 관심을 불러일으켰다.

마랭은 1905년 하원 의원으로 선출되면서 자신의 정치적 영향력을 발휘해 한국을 돕는 일에 발 벗고 나섰다. 일본과 독일의 침략과 식민 지배를 규탄하는 의회 보고서를 11차례 작성했다. 3·1운동이 일어났을 때는 의회에 진상조사위원회를 구성하고, 인권운동가 펠리시앙 로베르 샬레(Felicien Robert Challaye)를 한국에 파견했다. 두 달 남짓 경성 등지에서 시위를 목격한 샬레는 "일본 군경은 해를 끼치지 않는 군중을 향해 마구 총질을 하고 수많은 평화적인 한국인들을 죽였다. … 일본의 친구였던 내가 이제부터 일본 제국주의를 고발하고자 한다"라며 일제의 잔혹성을 규탄했다. 1919년 4월에는 대한민국임시정부가 파리위원부를 설치하자 마랭은 설립 초기부터 적극 지원했다.

마랭은 중국 상하이 프랑스 조계에 있던 대한민국임시정부를 보호하는 든든한 버팀목이기도 했다. 1932년 윤봉길 의사 의거로 일제가 프랑스 조계에서 한국인을 대거 체포하자 이를 막기 위해 프랑스 외교 채널에 여러 차례 서한을 보냈다. 프랑스가 일본과 외교적 마찰을 빚으면서까지 한국인 체포를 막은 데는 그의 힘이 컸다. 당시 집권당 총재였던 마랭이 프랑스 외교 채널에 여러 차례 강한 압력을 행사한 문서가 뒤늦게 공개되기도 했다.

1945년 연말 《나시옹(La Nation)》지 칼럼에서는 "가련하고 유순한 자긍심과 숭고한 정신을 지닌 이 나라 백성들은 또다시 자유를 기다려야 한다"라면서 한국의 신탁통치를 비판했다. 강대국들의 농간에 굴복하지 말라는 애정 어린 충고도 아끼지 않았다.

친한 세력의 구심점,
프랑스 한국친우회

3·1운동은 국제 정치의 중심지 파리에서 친한(親韓) 세력을 결집하는 계기가 되었고, 그 중심에는 1921년 루이 마랭이 만든 한국친우회가 있었다.

1919년 1월 1차 세계대전 후 국제 질서 수립을 위해 파리강화회의가 열렸다. 1차 세계대전 종전과 함께 윌슨의 민족자결주의 원칙과 국제연맹 창설 제안은 한국인을 비롯한 전 세계 약소 민족의 기대를 북돋았다. 미주 대한인국민회, 상하이 신한청년당, 국내 유림계, 러시아 연해주의 대한국민의회 등 여러 한국인 단체는 파리강화회의에 참석하려 했다. 이 중 신한청년당에서는 대표로 김규식을 파견했다. 김규식은 1919년 2월 1일 상하이를 떠나 3월 13일 파리에 도착했다. 파리 샤토덩거리(rue de Châteaudun) 38번지에 둥지를 틀고 대한민국 주파리위원부 통신국(Bureau de Information Coreenne, 이하 '파리한국통신국')을 설립했다. 한 달 뒤인 4월 13일 대한민국임시정부가 수립되자 임정의 임시의정원도 김규식을 파리한국통신국 대표위원으로 임명하고 신임장을 파리로 보냈다.

김규식은 5월 〈한국 독립에 관한 청원서〉〈한국 독립 항고

대한민국임시정부 파리위원부 사무소 건물(파리 샤토덩거리 38번지)**.**
출처: 독립기념관

서〉 등을 파리강화회의에 제출하고, 한국 독립을 홍보하는 각종
문서를 언론에 배포했다. 3개월쯤 뒤에는 한국 독립운동에 획기
적인 전기를 마련하는 만남이 이뤄졌다. 파리한국통신국이 8월
6일 파리에서 마련한 연회에 마랭이 참석한 것이다. 김규식은
연회에서 한국의 지리와 역사를 소개하고 한국인의 독립 열망
을 역설했고, 마랭은 이 연회를 기점으로 한국 독립 지원 활동을

본격적으로 시작했다.

　파리강화회의는 한국 문제에 대해서는 한마디 토론도 없이 1919년 6월 28일 종결되었다. 김규식은 비록 회의에 참석하지 못했지만 파리에 머무는 동안 많은 성과를 거두었다. 제2인터내셔널 제네바회의에서 한국 독립안을 승인받았고, 영국에 한국친우회를 결성했다. 교황 베네딕토 15세로부터 '핍박받는 한국인들이 하루빨리 해방되기를 바란다'는 지지 서한도 받았다. 1919년 3월부터 이듬해 10월까지 유럽 각국 신문에 한국 관련 기사가 무려 518회나 게재되었다. 그 무렵 파리위원부 모습을 담은 글에는 "숙소에 전등도 없어서 촛불을 켜고, 밤을 새워가며 편지를 쓰고, 전보를 부치고, 신문사를 찾아다녔다"라고 기록되어 있다.

　김규식의 손녀 김수옥 여사는 "1919년 중국 상하이 프랑스 조계에서 대한민국임시정부 수립을 전후해 대(對)유럽 외교 활동의 중심지는 파리였다"라며 "할아버지인 김규식 선생이 1919년 파리강화회의에 독립청원서를 제출해 전 세계에 한국 독립을 알리는 등 활발한 독립 외교 활동을 펼쳤다"라고 했다.

　김규식이 도미(渡美)한 1919년 8월부터 파리한국통신국 활동은 미군 소속으로 1차 세계대전에 참전했던 황기환(黃玘煥, 1886~1923)을 중심으로 이루어졌다. 영국에서 활동하던 황기환이 파리로 오자 프랑스 한국친우회 결성은 빠르게 추진되었다.

프랑스 한국친우회는 1921년 6월 23일 파리 라스카즈가 5번지 사회박물관(Musee social) 1층 강당에서 창립 대회를 개최했다. 프랑스 한국친우회 사무국 의장(회장)에는 마랭이, 부의장에는 올라르, 페르디낭 뷔송, 쥐스탱 고다르, 레위스 브릴이 지명되었다. 사무국장은 클로드 파레르와 사동발, 재무국장은 에밀 블라베, 사무차장은 마티앙이 맡았다.

친우회에는 선전 활동을 위한 활동위원회도 있었다. 상바, 마리우스, 세르메, 피에르 밀, 앙드레 로베르티, 샤를 지드, 에드몽 베나르, 메나르 도리앙 등이 참여했다. 임원 11명, 행동위원회 5명, 기타 회원 7명 등 총 23명으로 구성되었다. 사동발의 아파트인 오스만거리 93번지에 사무실을 마련했다. 프랑스 내무부 보고서에는 "친우회의 창립총회에 프랑스 상하원 의원 9명, 인권연맹 회장, 소르본대학교 교수, 언론인 등 저명인사들이 회원으로 참석했다. 대부분 마랭 의원과 교분이 있는 사람들이다"라고 기록되어 있다.

마랭은 한국친우회 창립총회에서 다음과 같이 말했다.

"프랑스는 언제나 억압받는 이들에 대한 보호에 애정을 가져왔습니다. 오늘날 3000만 명의 인구를 가진 불행한 나라 한국은 고통을 받고 있으며 정의를 요구하고 있습니다. 40세기 이

한국친우회 회원 모집 신문 기사.

출처: 《레르누벨(L'Ère nouvelle)》, 1921년 2월 14일(프랑스국립도서관, BNF)

상을 거슬러 올라가는 문명을 보유한 이 나라는 늘 비공격적이 었습니다. 1910년 국제법을 무시한 일본에 의해 합병되자 이들은 항거했으며, 해방을 기다리고 있습니다. 한국인들에게 효율적인 도움을 제공하기 위해 프랑스 대중에 대한 적극적인 선전 활동을 시행해 많은 가입자를 확보해야 합니다. 여기에 프랑스 한국친우회의 핵심 목적이 있으며, 이와 같은 방법을 사용하는 이유는 과거 같은 방식으로 아르메니아인과 폴란드에 대한 보호를 자청했을 때 100만 명이 넘는 서명을 확보하는 훌륭한 성과를 거두었기 때문입니다."

마랭은 일본의 불법 침략 행태를 규탄하며 "한국 독립을 위해 100만 인 서명운동을 펼칩시다"라고 제안했다. 그는 1909년에도 폴란드친우회를 만들어 100만 인 서명운동을 펼친 적이 있었다. 폴란드친우회 회장 다누프 드부아는 "마랭 회장이 대중을 상대로 펼친 서명운동은 파리강화회의에서 폴란드의 독립을 이끌어내는 데 결정적인 역할을 했다"라고 강조했다.

로랑 키스피 교수(파리사회과학고등연구원)는 2016년 4월 11일 프랑스 파리 제7대학교(디드로대학교)에서 열린 한-프랑스 수교 130주년 기념 '한국 독립운동과 프랑스' 국제 학술 대회에서 "한국의 독립운동가들이 프랑스에서 적극적인 외교 활동을 할 수 있었던 것은 1921년 한국친우회를 결성하고 한국 독립운동의 정당성을 지지했던 루이 마랭 등 프랑스 지식인들의 역할도 컸다"라며 "프랑스는 자유와 평화를 원하는 한국인의 정당한 요구에 공감했고 한국의 독립운동을 적극 지원했다"라고 말했다.

전 세계에 한국 독립 여론 확산한 전초 기지,
한국친우회

3·1운동 이후 세계 주요국에 한국친우회가 결성되면서, 한국친우회는 전 세계에 한국 독립 여론을 확산하는 전초 기지 역할을 했다.

한국친우회 설립은 미국에서 처음 시작되었다. 플로이드 W. 톰킨스(Floyd Williams Tomkins) 목사가 한국친우회 설립의 싹을 틔운 것으로 알려져 있다. 그가 회장을 맡은 필라델피아한국친우회가 1919년 5월 16일 결성된 이후 워싱턴, 샌프란시스코, 시카고, 캔자스시티, 뉴욕 등 미국 전역으로 확산되었다. 톰킨스 목사는 1921년 11월 워싱턴 군축회의의 미국 대표단 단장에게 보낸 청원서에서 "본 단체는 미국 시민만으로 구성되어 2만 5000명의 회원을 거느리고 있다"라며 "한국인들은 대한민국임시정부라는 기구를 통해 … 자신들의 권리인 자유와 정의를 위해 청원 운동을 벌이고 있다"라고 밝혔다.

서재필(徐載弼, 1864~1951)도 '제1차 한인회의'가 열린 뒤 조직적인 활동과 선전 기관의 필요성, 미국 내 친한 외국인들 확보 등을 강조하며 미국 내 한인친우회 설립을 주장했다. 서재필은 미국 내에 연이어 설립된 한국친우회에 대해 "자유와 독립을 얻기 위한 잘 무장된 군인들로 구성된 몇 개의 연대와도 맞먹을 수 있다"라고 평했다.

미국 내 한국친우회 결성은 한국에 대한 지지 여론을 형성했다. 1919년 뉴욕육해공군방위협회는 서재필을 연사로 초청해 집회를 가진 뒤 한국의 독립운동을 지지하는 결의문을 미국 대통령과 의회에 제출했다. 1920년에는 워싱턴에서 한국인을 돕기 위한 한인구제회가 설립되었다.

영국, 프랑스 등 유럽 주요 국가에서도 친우회가 조직되었다. 영국 한국친우회는 1920년 10월 창립되었다. 루이 마랭 주도의 프랑스 한국친우회보다 먼저 만들어졌다.

영국 한국친우회에는 드라마 〈미스터 션샤인〉의 모티프가 된 의병 사진을 찍은 언론인 프레더릭 A. 매켄지도 포함되었다. 매켄지는 창립 대회 연설에서 "나는 한국인의 자유와 정의를 위해 친우회를 조직함으로써 그들의 어려움을 개선하기 위해 노력하고자 합니다"라고 밝혔다.

"프랑스의 고귀한 양심을 대표"한 인물

마랭은 1952년 5월 18일 국회의원 선거 패배 후 지역 의회

의장직을 사임하고 정계에서 은퇴했으며, 1960년 5월 23일 파리에서 89세의 나이로 생을 마감했다. 대한민국 정부는 마랭의 공훈을 기려 2015년 건국훈장 애국장을 추서했다.

프랑스에서 활동한 독립운동가 서영해(徐嶺海. 1902~?)는 1945년 8월 일본이 항복하자 루이 마랭에게 보낸 감사 편지에서 "회장님은 한국이 역사상 가장 암울한 시기에 처해 있을 때, 한순간의 망설임도 없이 한국을 도와주고 옹호한 프랑스의 고귀한 양심을 대표하는 분이셨습니다"라고 했다.

정부는 루이 마랭을 비롯해 한국친우회 활동을 통해 일제를 비판하고 대한민국 독립을 지지한 프레더릭 A. 매켄지(캐나다), 플로이드 W. 톰킨스(미국)를 2024년 6월의 독립운동가로 선정했다.

마랭은 40년 넘게 한국 독립을 물심양면으로 도왔지만 아직 우리에게는 생소하다. 대한민국 국가보훈부 장관은 2024년 5월 7일 프랑스 파리의 주프랑스한국대사관에서 해외과학아카데미 루이 도미니시 회장에게 루이 마랭의 건국훈장(2015년 애국장)을 전수했다. 아타깝게도 후손이 없어 그가 창립 구성원으로 활동했던 해외과학아카데미의 회장에게 훈장을 전달했다. 국가보훈부 장관은 이 자리에서 마랭의 고향 마을인 포의 부시장 카트린 르프룅에게 2024년 6월의 독립운동가 선정패도 전달했다.

연보

- 1871년 프랑스 로렌 지방 뫼르트에모젤 지역 포에서 출생

- 1891년 독일, 1892년 루마니아, 세르비아, 알제리, 1899년 그리스, 폴란드, 러시아, 스칸디나비아, 아르메니아, 투르키스탄, 중앙아시아, 중국 서쪽 지역, 1901년 시베리아, 만주, 한국, 중국 북쪽, 1902년 스페인, 포르투갈, 1903년 소아시아 방문

- 1905년 낭시 1구역 하원 의원 당선

- 1919년 3·1운동 때 의회 진상조사위원회 구성, 인권운동가 펠리시앙 로베르 샬레 한국 파견

- 1921년 6월 23일 프랑스 한국친우회 창립

- 1952년 정계 은퇴

- 1960년 사망

- 2015년 건국훈장 애국장

14장

독립유공자가 된
중국 현대사 큰 별들

쑨원, 장제스, 쑹메이링, 쑨커

건국훈장은 대한민국 건국에 공로가 뚜렷하거나 국가 기초를 공고히 하는 데 이바지한 공적이 뚜렷한 사람에게 수여되는 대한민국 훈장이다. 공로에 따라 대한민국장, 대통령장, 독립장, 애국장, 애족장 5등급으로 나뉜다. 대한민국장은 1등급 훈장으로 건국훈장 중 가장 훈격이 높다. 1949년 4월 건국훈장(당시 건국공로훈장) 제정 이후 2024년 8월 기준 대한민국장을 받은 사람은 33명이다. 이 가운데 중국인이 5명인데, 그중 3명이 쑨원과 그 인척(장제스, 쑹메이링)이다. 쑨원의 아들 쑨커도 2등급 대통령장을 받았다. 쑨원 일가와 그의 인척이 대한민국 독립운동과 건국에 크게 기여한 것이다.

의학도에서
혁명가로 거듭난 쑨원

"혁명은 아직 성공하지 않았다."

중국 광저우에 있는 황포군관학교(黃埔軍官學校, 황푸군관학교) 입구에 있는 쑨원(孫文, 1866~1925; 손문)의 유언 글귀다. 쑨원은 중화인민공화국(중국)과 중화민국(대만)에서 모두 국부로 추앙받는 인물이다.

쑨원은 1866년 중국 광둥성 중산현(中山縣)에서 농부의 아들로 태어났다. 중산은 원래 이름이 샹산(香山)이었지만 1925년 쑨원을 기리기 위해 이름을 바꾸었다. 중산은 쑨원의 호로 오늘날 중국과 대만 곳곳에서 중산로, 중산공원 등 도로명과 공원 이름에서 쉽게 찾을 수 있다.

쑨원은 어릴 적 고향에서 전통적인 교육을 받다가 1878년 큰형인 쑨메이(孫眉)가 자리를 잡은 하와이로 건너가 서구식 교육을 받으며 근대화에 눈을 떴다. 귀국 후 1892년 홍콩에 있는 서의서원(西醫書院)을 졸업하고 광저우, 마카오 등지에서 의사로 잠깐 활동했다. 당시는 청나라 말기로 망국의 기운이 짙었다. 영국, 프랑스 등 서구 열강은 무너져가는 청나라를 침략해 이권을 차지했고, 나라 안으로는 온갖 부정부패가 만연해 개혁 의지를

쑨원.
출처: 미상

상실했다. 쑨원은 몰락해가는 청나라와 가난과 고통에 시달리던 민중을 보며 의학도에서 혁명가로 거듭났다.

　쑨원은 1905년 8월 러일전쟁이 끝난 직후 혁명에 뜻을 같이하는 동지들과 연합해 일본 도쿄에서 중국혁명동맹회를 조직했다. 중국혁명동맹회는 민주공화국 건설을 목표로 반청(反淸) 무장봉기를 여러 차례 시도했지만 뜻을 이루지는 못했다. 실패를 거듭한 끝에 1911년 신해혁명 이후 임시대총통에 선출되었다. 이듬해인 1912년 1월 1일 난징에서 혁명군 임시대총통으로 취임함과 동시에 중국 최초의 공화제 정부인 중화민국 설립을 공포했다. 중화민국이 세워졌지만 쑨원에겐 군벌을 제압할 힘이 없었다. 1912년 2월 초, '청 황제 퇴위, 공화제 도입'을 조건으로 위안스카이(袁世凱)에게 임시대총통 직을 넘겼다. 이에 위안스카이는 2월 12일 청의 마지막 황제 푸이를 강제 퇴위시켰다. 이어 16일에는 난징에서 국회가 기초한 임시헌법이 공포되었다. 쑨원은 1912년 4월 중국혁명동맹회를 해산하고 국민당을 조직해 중화민국 내 의회 선거에 도전했다.

그러나 위안스카이가 권력 장악에 나서자 호법운동(護法運動)을 펼치며 광둥성을 중심으로 정권 수립에 매진, 1917년 9월과 1920년 11월 두 차례 광저우에 혁명 정권인 호법정부(護法政府)를 수립했다. '호법'은 쑨원이 위안스카이의 독재를 막기 위해 제정한 임시약법(臨時約法)을 수호한다는 의미다.

쑨원은 1919년 5·4운동 이후 소련의 지원을 받기 위해 중국 공산당과 손을 잡았다. 1924년 1월, 공산당원이 참여하는 중앙 통치 기구를 구성해 제1차 국공합작이 본격화되었다. 군벌 타도에 매진하던 쑨원은 1925년 3월 12일 암으로 병상에서 신음하다 눈을 감았다. 향년 60세였다.

쑨원, 임시정부를 최초로 승인하고
한국 독립운동가를 양성하다

1919년 상하이에 수립된 대한민국임시정부는 쑨원의 호법 정부가 있던 광저우에 신규식(申圭植, 1880~1922)을 특사로, 민필호 (閔弼鎬, 1898~1963)를 수행원으로 파견했다. 신규식은 1921년 11월 광둥 호법정부의 대총통이었던 쑨원을 만나 임시정부에 대한 승인과 한국 독립운동에 대한 지원을 요청했다. 쑨원은 광둥 호법정부와 대한민국임시정부가 상호 합법 주권 정부임을 인정하고 외교 관계를 승인했다. 당시 신규식은 쑨원에게 아래 5가지 사항을 전달했다.

1. 대한민국임시정부와 중국 호법정부는 상호 외교적 승인을 교환한다.
2. 중국 군사학교에 한국 학생의 입학을 허용한다.
3. 중국은 범태평양회의에 출석한 중국 대표에게 한국이 회의 개최지에 파견한 대표와 긴밀한 연계를 취하면서 한국 독립을 위한 선전 활동에 협조하도록 훈령한다.
4. 중국은 한국 군대가 훈련할 수 있도록 일정한 지역을 한국에 조차하는 동시에 500만 원의 차관을 제공한다.

나는 대한독립을 위해 싸우는
외국인입니다

5. 대한민국임시정부는 광저우에 상주 대표를 파견하며, 그 비
용은 중국 호법정부가 부담한다.

쑨원은 이 중 네 번째를 제외한 4가지 항목에 동의를 표명
했다. 쑨원은 "약한 자를 붙들어주고, 기울어지는 나라를 구제
해주는 것을 천직으로 삼는다. 대한민국임시정부를 정식으로
승인하고 중국의 북벌 계획이 완료되면 그때 전력을 다해 한국
의 구국운동을 돕겠다"라며 대한민국임시정부를 최초로 승인

하고, 지지 의지를 확고히 드러냈다. 대외적으로 국가로 인정받는 것이 무엇보다 중요했던 대한민국임시정부로서는 쑨원의 이러한 우호적인 태도가 큰 힘이 되었다.

쑨원이 1924년 광저우에 설립한 황포군관학교와 중산대학은 한국 독립운동가를 길러내는 양성소 역할을 했다. 당시 쑨원은 항일 투쟁의 일환으로 한국 학생들을 받아들였으며, 장학금도 지원했다. 황포군관학교는 1927년 문을 닫았는데, 3년 남짓한 짧은 기간 동안 200여 명의 한국인이 황포군관학교를 거쳐 갔다. 대한민국 정부는 한국 독립을 승인하고 지원한 공로를 기려 1968년 건국훈장 대한민국장을 쑨원에게 추서했다.

장제스, 국제 사회에 한국 독립을
처음으로 보장하다

장제스(蔣介石, 1887~1975: 장개석)는 중국의 군인, 정치, 군사 지도자로 쑨원에 이은 중화민국의 2대 총통이다. 대한민국 정부로부터 건국훈장 대한민국장을 받은 최초의 외국인으로, 쑨원과는 동서지간이다.

장제스는 1887년 저장성 평화현(奉化縣)에서 태어났다. 어렸을 때는 전통 한문 교육을 받다가 군인의 길을 걷고자 1907년 보정군관학교(保定軍官學校)의 전신인 육군속성학당(陸軍速成學堂)에 들어가 다음 해 졸업했다. 1908년 일본으로 유학을 떠나 일본 육군사관학교에 들어가려는 중국인을 위한 예비군사학교인 도쿄진무학교에 들어갔다. 일본 유학 시절 쑨원의 삼민주의와 혁명 사상에 공감해 1908년 중국혁명동맹회에 가입했다. 1909년에는 도쿄에 온 쑨원과 교류했다. 1910년 도쿄진무학교 졸업 이후에는 니가타현에 있는 다카다(高田) 제13사단 야포병 제19연대에서 사관후보생으로 복무했다. 1911년 중국 정세가 급변하자 다카다 부대를 이탈해 중국으로 돌아와 신해혁명에 가담했다.

장제스는 쑨원이 사망한 뒤 1926년 국민혁명군 총사령관에 임명되어 군벌 타도(북벌)를 시작했다. 1928년 6월 베이징을 점령하며 북벌을 완수하고 중국 통일에 성공했다. 난징을 수도로 하는 국민정부를 선포한 데 이어 10월에는 국민정부 주석 겸 육해공군총사령이 되어 명실상부 국민당의 1인자가 되었다.

제1차 국공합작 초기 친사회주의 성향을 나타냈던 장제스는 이후 반공(反共)으로 돌아섰다. 중일전쟁 당시 일본 침략에 맞서 중국을 이끌었던 장제스는 1945년 일제 패망 이후 벌어진 국공내전에서 패해 1949년 대만으로 옮겨갔다. 대만 이주 이후 총

장제스.
출처: 미상

통의 자리에서 중국공산당의 침략을 막는다는 명분 아래 계엄령을 지속하며 군사적이고 강압적인 통치를 이어갔다. 1972년 5월 5대 총통으로 연임에 성공한 이후 아들 장징궈(蔣經國)를 행정원(行政院) 원장으로 임명해 후계 체제를 확립했으며, 1975년 4월 5일 심장병으로 사망했다.

장제스는 쑨원과 마찬가지로 한국 독립운동을 직간접적으로 지원했다. 1932년 4월 29일 윤봉길 의사의 상하이 홍커우공원 의거 이후 장제스는 한국 독립운동 지원을 확대하라고 지시했고, 중국 국민정부 요인들은 김구를 비롯한 대한민국임시정부 인사들을 일본의 추격과 감시로부터 보호할뿐더러 한국 독립운동에 물질적 후원을 하기 시작했다.

장제스는 임정이 일제의 핍박을 받으며 상하이, 항저우, 전장(鎭江), 창사(長沙) 등 여러 지역을 떠돌 때 각 지방 군정장관에게 지령을 내려 임정 이동에 필요한 협조와 지원을 지시했다. 또한 1938년 김구가 테러를 당하자 그의 목숨을 살리라고 백방으로 지시했다. 한국광복군 창군에도 큰 기여를 했다. 1940년 4월 한국독립당·국민당·조선혁명당 등 우익 3당은 치장(綦江)에서 연합대표대회를 소집하고, 중국 당국에 정식으로 중국 영토 내에서 한국광복군 창립을 승인해줄 것을 요청했다. 장제스는 1940년 5월 이 요구를 받아들였고, 대한민국임시정부는 이를 토대로 9월 17일 충칭에서 광복군총사령부 성립 대회를 거행했다. 다만 광복군은 국민정부의 통제를 받아야만 했다. 국민정부 군사위원회가 1941년 광복군의 활동을 국민당이 통제한다는 내용을 담은 '한국광복군 행동 9개 준승(韓國光復軍行動九個準繩)'을 따르도록 요구했고, 임정은 광복군의 군대 유지와 비용 확보를 위해 이 조건에 동의할 수밖에 없었다.

황포군관학교 교장 재직 때 장제스는 한인 학생들의 군사 훈련을 담당하며 많은 인재를 배출했고, 거액의 독립운동 자금을 후원했다. 한국광복군 창군 선언문에는 장제스에게 감사한다는 내용이 들어 있으며, 《백범일지》에는 중국 군관학교에 한인반을 설치할 수 있게 도와주었다는 내용이 기록되어 있다.

아울러 1943년 11월 27일 2차 세계대전 전후 처리 논의를 위해 이집트 카이로에서 열린 카이로회담에서 '한국 독립안'을 통과시키는 데 막대한 기여를 했다. 카이로회담은 프랭클린 루스벨트 미국 대통령이 주도하고 윈스턴 처칠 영국 총리, 장제스 중국 주석이 참석했다. 김구는 그해 7월 미국, 영국, 중국 3대 연합국의 카이로회담 개최 소식을 듣고, 장제스를 만나 한국의 완전 독립에 대한 지지와 지원을 요청했고, 장제스는 '함께 싸우자'며 이를 받아들였다고 한다. 카이로회담 결과 카이로선언이 공표되었으며, 이 선언에는 "한국을 적당한 시기에 자유롭고 독립적인 국가로 만들 것을 굳게 다짐한다"라는 문구가 포함되었다. 카이로선언은 한국 독립운동사에 아주 뜻깊은 선언이었다. 1945년 8월 15일 광복보다 무려 1년 8개월 전에 처음으로 한국의 독립을 국제적으로 보장받았기 때문이다.

장제스는 1945년 11월 충칭을 떠나 한국으로 돌아가는 김구에게 전별금 20만 달러를 제공했다. 샤오위린(邵毓麟, 1909~1984) 초대 주한중화민국대사가 쓴 회고록 《사한회억록(使韓回憶錄, 주

카이로회담에 참석한 장제스. 왼쪽부터 장제스, 루스벨트, 처칠.
출처: 프랭클린루스벨트대통령도서관박물관(Franklin D. Roosevelt Presidential Library and Museum)

한대사 시절을 돌아보며)》(1980)에 따르면 장제스는 김구가 임정 소재지인 충칭을 떠나 귀국하게 되자 1945년 11월 1일 송별연을 열어 임정 요인들을 환송하면서 우톄청(吳鐵城) 국민당 비서장(사무총장)에게 전별금을 주도록 지시했다. 장제스는 "비록 우리 정부가 가난하긴 하지만 어찌 한국에 후하지 않을 수 있겠는가"라고 말했다고 한다. 샤오위린 대사는 난징 소재 국민정부가 임정에 20여 년간 재정 지원을 했음을 상기시킨 뒤 "그동안 100만 달러 또는 1000만 달러까지도 주었던 것에 비교하면 20만 달러는 큰돈이 아니다. 하지만 전후[2차 세계대전 후] 한국 정치의 혼란 상황 속에서 정치하는 사람들에게는 무슨 일을 하든지 필요한 돈이다"라고 강조했다.

대한민국 정부는 장제스의 공로를 인정해 1953년 건국훈장 대한민국장을 수여했다.

쑹메이링, 한국 독립운동을 적극 지원하다

쑹메이링(宋美齡, 1897~2003; 송미령)은 장제스의 부인이자 쑨원의 처제다. 1897년 상하이에서 태어났다. 아버지 쑹자수(宋嘉樹)는 어렸을 때 미국으로 가 기독교로 개종하고 선교사가 되었다. 중국으로 돌아와 미국인 상인들과 연계해 성경 출판, 판매 등을 하며 막대한 부를 축적했다. 쑹메이링은 아버지 영향으로 1907년 열한 살 때 언니 쑹칭링(宋慶齡)과 함께 미국으로 유학했고,

쑹메이링.
출처: 미상

1927년 장제스와 결혼했다.

쑹메이링은 한국 독립운동을 적극 지원했다. 윤봉길 의사가 1932년 상하이 훙커우공원에서 의거를 일으켰을 때 대한민국 임시정부 인사들의 피난을 도왔고, 임정의 김구가 주도하던 한인애국단(韓人愛國團)에 중국화 10만 원을 후원했다. 쑹메이링은 한인애국단장 김구의 이봉창, 윤봉길 의사 의거 진상 발표를 듣고 크게 칭송하며 독립운동 지원금을 보냈다.

1940년 9월 17일 임정이 충칭에서 한국광복군을 창설했을 때 중국전방장사위로부녀회(中國前方將士慰勞婦女會) 회장 자격으로 10만 원의 찬조금을 전달했다. 1942년에는 중국부인전시구제회 회장 자격으로 한국광복군 출정 군인 가족에게 10만 원의 구제비를 지원했다.

쑹메이링은 1943년 11월 카이로회담 전후 한국 독립을 인정하는 결과를 이끌어내기 위해 노력했다. 카이로회담 당시 장제스의 통역으로 루스벨트 미국 대통령과의 협상 자리에 배석했으며, 카이로선언문 초안을 직접 검토했다. 카이로회담은 2차 세계대전 종전 후 새로운 세계 질서를 모색하는 자리였다. 이때 식민지 국가 중 유일하게 한국의 독립이 언급된 것은 국민정부와 장제스, 쑹메이링의 노력 덕분이었다. 1945년 11월 임정 요인들이 귀국할 때는 장제스와 함께 환송연에 참석했다.

대한민국 정부는 쑹메이링이 한국 독립운동에 기여한 공로를 기려 1966년 건국훈장 대한민국장을 수여했다.

쑨커, 아버지 뒤를 이어
한국 독립운동을 지원하다

쑨커(孫科, 1891~1973; 손과)는 1891년 10월 20일 광둥성 중산(中山)에서 태어났다. 다섯 살 때 미국으로 건너가 기독교계 학교에서 수학했다. 열여섯 살 때 미국 캘리포니아대학교에 입학했다. 1916년 졸업 후 컬럼비아대학교에 진학해 석사 학위를 받았다. 주로 정치, 경제, 재정 등을 공부했다. 1917년 고국으로 돌아와 대원수부(大元帥府) 비서로 공직 생활을 시작했다.

쑨커는 중국 국민정부 입법원장(국회의장에 해당) 재직 때인 1940년 8월 임시정부가 충칭에 자리를 잡으면서 임시정부 인사들과 본격적으로 교류했다. 아버지 유지를 받들어 중국이 대한민국임시정부를 승인할 것을 촉구했고, 한국 독립운동 세력과 중국의 항일 역량을 연결할 기관으로 중한문화협회(中韓文化協會) 창립에 착수했다. 1941년 궈타이치(郭泰祺)가 외교부장에 취임하면서 대한민국임시정부 승인 문제를 정식으로 들고나왔을 때 임시정부 승인에 목소리를 냈다.

대표적인 것이 중한문화협회 창설이다. 중한문화협회는 중국과 한국 인사들의 연락을 목적으로 1942년 1월 본격 추진되었다. 중화민국은 정식 수교 국가의 국민과 중국 인민의 우호 협

력을 촉진하는 기관으로 '문화협회'를 구성해 공공 외교를 추진했다. 그러나 대한민국임시정부는 주권, 인민, 영토가 없는 문자 그대로 임시정부였기 때문에 중국과 한국 간 수교가 불가능해 문화협회도 합법적으로 창립할 수 없었다. 이에 쑨커는 국가 대 국가 차원이 아닌 당 대 당 차원과 인민 대 인민 차원이라는 중국식 외교 방식을 원용했다. 향후 탄생할 한국 독립 정부를 상정하고 중국국민당과 중국공산당, 한국독립당, 조선혁명당 등 정당 세력의 연대를 바탕으로 중한문화협회를 창립하도록 주선해 중화민국 정부의 승인을 받았다.

쑨커의 노력으로 1942년 10월 11일 충칭에서 중한문화협회가 정식 출범했다. 임시정부에서는 김구 등 임정 요인 전체가 구성원으로 참가했고, 국민당에서는 쑨커 입법원장, 우티예청(吳鐵城) 중앙조직지도부장 등 요인들이 참여했다. 협회 이사장은 쑨커, 부이사장은 김규식이 맡았다. 쑨커는 창립 연설에서 "중국 자체의 해방 외에도 중국 항전의 첫 번째 임무는 한국의 자유와 평등을 되찾는 것입니다. 부단히 노력한다면 반드시 성공할 날이 오리라 믿어 의심치 않습니다"라고 했다. 중국이 공식적으로 중한문화협회를 통해 대한민국임시정부와 관계를 맺으면서 임시정부의 위상이 제고되었다.

쑨커는 1942년 3월 입법원장으로서 루스벨트 미국 대통령과 처칠 영국 총리를 향해 인도, 베트남, 필리핀, 한국의 독립을 요청했다. 그는 당시 한중 관계에 대해 "중한 양국은 4000년 동안 깊은 관계가 있고 또 밀접한 교섭과 문화의 교통이 있었다. 근년 이래 우리나라[중국]는 한국의 독립혁명 진행을 원조하기를 결심할 뿐 아니라 우리와 공동 항일하는 형제의 나라로 보는 것이다"라며 한중 연대를 통한 대일 항전 의지를 확고히 천명했다. 같은 해 4월에도 중국 군중이 모인 대회 석상에서 한국은 반드시 독립해야 하고, 중국은 대한민국임시정부를 승인하는 것이 당연하다는 의견을 피력했다.

한중문화협회 이사장이 된 뒤에도 지속적으로 한국 독립과 대한민국임시정부 승인을 주장했다. 1944년 7월 한중문화협회에서 대한민국임시정부 요인들을 초청해 개최한 행사에서 "하루빨리 대한민국임시정부를 승인함으로써 동맹국의 대일 작전 역량을 증대할 것을 희망한다"라는 취지의 환영사를 했다.

쑨커의 대한민국임시정부 후원은 미국 보고서에도 기록되어 있다. 1944년 11월 작성된 미국 보고서에는 "쑨커는 충칭 임시정부에서 한국 독립의 가장 중요한 후원자로 본다"라고 명기되어 있다.

쑨커는 1948년 11월 행정원장에 취임했지만 곧 사직하고 은퇴했다. 1951년 프랑스로 갔고, 1952년에는 미국으로 이주해 중미문화교육기금회(中美文化教育基金會) 이사장으로 활동했다. 1965년 쑨원 탄생 100주년을 맞아 대만으로 왔을 때 장제스 요청에 따라 대만 총통부 자문으로 임명되었고, 1966년 대만 고시원 원장을 지냈다. 쑨커는 1973년 9월 13일 병으로 사망했다.

대한민국 정부는 한국 독립운동을 지원한 공로를 인정해 1970년 쑨커에게 건국훈장 대통령장을 수여했다.

연보

쑨원

- 1866년 중국 광둥성 중산에서 출생

- 1878년 하와이 이주

- 1892년 홍콩 서의서원 졸업

- 1894년 하와이로 가서 혁명 단체 흥중회(興中會) 조직

- 1905년 일본 도쿄서 중국혁명동맹회 조직

- 1911년 임시대총통 선출

- 1912년 1월 1일 혁명군 임시대총통 취임, 중국 최초 공화제 정부인

  중화민국 설립 공포

- 1921년 11월 대한민국임시정부 최초 승인

- 1968년 건국훈장 대한민국장

장제스

- 1887년 중국 저장성 샹산현에서 출생

- 1907년 육군속성학당 입학

- 1908년 일본 유학, 일본 도쿄진무학교 입학

- 1908년 쑨원의 도쿄 비밀 결사 단체 중국혁명동맹회 가입
- 1910년 도쿄진무학교 졸업. 다카다 야포병 제19연대 사관후보생 복무
- 1911년 중국 귀국, 신해혁명 가담
- 1926년 국민혁명군 총사령관 임명
- 1928년 6월 북벌 완수, 중국 통일
- 1928년 10월 국민정부 주석 겸 육해공군총사령
- 1932년 4월 상하이 홍커우공원 윤봉길 의거 이후 한국 독립운동 확대 지원 지시
- 1940년 5월 한국광복군 창립 승인
- 1943년 11월 카이로회담에서 '한국 독립안' 통과 기여
- 1945년 11월 한국 환국 김구에게 전별금 20만 달러 제공
- 1949년 대만 이주, 총통 취임
- 1953년 건국훈장 대한민국장
- 1975년 사망

쑹메이링

- 1897년 중국 상하이에서 출생

- 1907년 미국 유학

- 1917년 귀국

- 1927년 12월 장제스와 결혼

- 1932년 4월 상하이 훙커우공원 윤봉길 의거 때 대한민국임시정부

  인사 피난 지원

- 1940년 9월 17일 한국광복군 창설 때 10만 원 찬조금 전달

- 1943년 11월 카이로회담에서 '한국 독립안' 통과 기여

- 1966년 건국훈장 대한민국장

- 2003년 사망

쑨커

- 1891년 광둥성 샹산현에서 출생

- 1917년 대원수부 비서로 공직 생활 시작

- 1940년 8월 대한민국임시정부 인사들과 본격 교류

- 1942년 3월 루스벨트 미국 대통령과 처칠 영국 총리에게 한국 독립

  요청

- 1942년 10월 11일 충칭 중한문화협회 출범

- 1948년 11월 행정원장 취임

- 1951년 프랑스 이주

- 1952년 미국 이주, 중미문화교육기금회 이사장 활동

- 1965년 대만 총통부 자문

- 1966년 대만 고시원 원장

- 1973년 사망

- 1970년 건국훈장 대통령장

15장

고종의 밀사로 세계를 누빈
푸른 눈의 한글학자

호머 B. 헐버트

"한국인이라면
하루도 잊어서는 안 된다"

안중근 의사가 "한국인이라면 하루도 잊어서는 안 된다"라고 말했던 외국인이 있다. 대한민국 정부는 1950년 그의 독립운동 공로를 기려 건국공로훈장 태극장(현 건국훈장 독립장)을 수여했다. 2014년에는 띄어쓰기와 마침표, 쉼표를 한글에 도입하고 한글의 우수성을 알린 한글학자이자 한국 역사 연구가로서 이룬 업적을 평가해 금관문화훈장을 추서했다. 최근에는 서훈을 1등급(대한민국장)으로 격상하자는 주장도 나오고 있다. 생전에 자신이 죽으면 "한국 땅에 묻히기를 원한다"라고 할 만큼 한국을 사랑했고, 실제로 자신의 유언대로 한국 땅에 묻힌 사람. '푸른 눈의 독립운동가' 호머 B. 헐버트(Homer Bezaleel Hulbert, 1863~1949; 호머 베잘렐 헐버트)가 서울 마포구 양화진외국인선교사묘원에 잠들어

호머 B. 헐버트.
출처: 미상

있다.

헐버트는 미국 버몬트주 뉴헤이븐(New Haven)에서 미들베리 대학교 총장이자 목사인 아버지, 다트머스대학교 창립자의 증손녀인 어머니 사이에서 태어난 명문가 자제였다. 그는 1886년 23세의 젊은 나이에 육영공원(育英公院) 교사로 입국하면서 조선과 첫 인연을 맺었다. 육영공원은 1883년 미국의 선진 교육 제도를 직접 보고 돌아온 보빙사(報聘使)의 건의로 1886년 9월 23

일 개교한 한국 최초의 근대식 국립 학교로, 영어로 강의하고 영어 교재를 사용했다. 미국 정부에 요청해 교사 세 사람을 초빙했는데, 이에 따라 헐버트와 달젤 A. 벙커(Dalzell A. Bunker), 조지 W. 길모어(George W. Gilmore)가 한 달이나 걸린 항해 끝에 태평양을 건너 낯선 조선에 오게 되었다. 당시 미국 국무부에서 헐버트의 부친에게 아들 중 한 명을 조선에 파견해달라고 제안했고, 미지의 세계에 대한 호기심에 끌렸던 헐버트가 자원했다고 한다. 이렇게 시작된 인연이 평생에 걸쳐 이어질 운명이 되리라곤 헐버트로서는 짐작조차 못 했을 것이다.

헐버트는 육영공원 교사로 5년가량 일하며 영어와 세계 지리를 가르쳤다. 그는 한국민에 대해 "일본이 비록 강하나 이천만 민족을 다 멸하지는 못할지라. 한인이 다 분격하여 혈심(血心)으로 싸우면 3년을 지나지 못하여 일본의 재정이 탕진할 것이요 한국 안에 있는 일본의 권리가 그림자도 없어지리라"(《대한매일신보》, 1907. 8. 27)라고 생각했다.

헐버트는 유별난 한글 사랑으로도 유명하다. 학생들을 가르치는 한편으로 한글 공부에 매진한 헐버트의 한글 사랑은 그가 1889년에 저술한 우리나라 최초의 한글 세계 지리 교과서 《사민필지(士民必知)》로 확인할 수 있다. '선비든 일반 백성이든 반드시 알아야 할 지식'이란 뜻을 가진 이 책은 세계 각국의 지리와

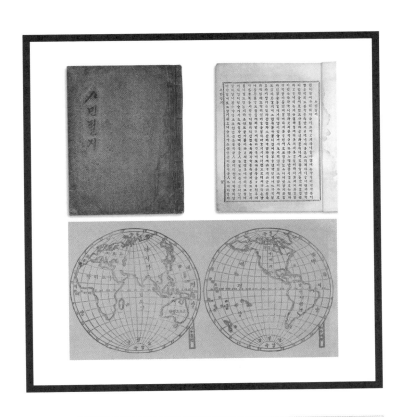

《사민필지》 초판본 표지와 서문, 세계 전도.

출처: 국립한글박물관

문화 등 다양한 정보를 담았다. 헐버트는 5년간의 육영공원 교
사 고용 계약이 끝난 1891년 12월 미국으로 돌아갔다가 감리교

선교 출판사인 삼문출판사(三文出版社) 책임자로 임명되어 1893
년 10월 1일 신식 인쇄기를 갖고 다시 방한했다. 헐버트는 육영
공원 시절 《사민필지》를 냈던 경험을 살려 교과서 시리즈를 기
획해 그중 첫 번째인 《초학지지(初學地誌)》를 간행했다. 60여 쪽
분량에 세계 지도, 조선 지도 등을 컬러로 인쇄한 당시로서는 초
호화판 교과서였다. 그러나 《초학지지》는 내용이 너무 충실한
탓에 일제가 그 내용이 위험하다며 판매를 금지하는 바람에 사
립 학교나 야학에서만 사용되었다.

교사이자 저술가,
언론인으로 종횡무진하다

헐버트는 교사와 저술가에 그치지 않고 다양한 활동을 전
개했다. 삼문출판사 경영을 맡았으며, 1896년에는 서재필을 도
와 《독립신문》 창간에 관여해 영어판 편집과 인쇄를 담당했다.
1903년에는 YMCA 창립 준비 위원장과 창립총회 의장을 맡기
도 했다.

그리고 감리교 선교회가 발행하는 영문 잡지 《코리안리포
지터리(The Korean Repository)》 부편집인으로 일하다가 나중에는

자신이 직접 《코리아리뷰(The Korea Review)》를 창간해 운영했다. 그러면서 이 영문 잡지들에 수시로 논문을 발표했으며, 그 성과를 모아 한국사 관련 책도 펴냈다. 오늘날 '한국학'이라 불리는 새 학문 분야의 개척자라는 평가가 아깝지 않은 활동이었다. 대표 저서로 1905년에는 《한국사(The History of Korea)》, 1906년에는 《대한제국 멸망사(The Passing of Korea)》를 저술했다. 《대한제국 멸망사》에 실린 헌사는 헐버트가 한국을 얼마나 진심으로 사랑했는지 느끼게 한다.

"비방이 극에 이르고 정의가 무너지고 있는 이때, 나의 지극한 존경의 표시와 흔들리지 않는 충성의 맹세로서, 대한제국의 황제 폐하께, 그리고, 지금은 옛 한국이 낯선 한국에 자리를 내주는 모습을 목격하고 있지만, 장차 민족의 정기가 어둠에서 깨어나, 잠이 죽음의 형상을 하고 있으나 죽음 자체는 아니라는 사실을 증명하게 될, 한국 국민에게 이 책을 바칩니다."

고종이 파견한
외국인 특사로 활약하다

헐버트는 일제의 침략 앞에 쓰러져가는 한국을 다시 일으키는 여러 활동에 참여했다. 첫 번째는 1905년 을사늑약과 연관된다. 러일전쟁에서 승리한 뒤 강압적으로 조약을 체결해 외교권을 박탈한 일제에 맞서 고종은 미국에 도움을 요청하려 했다. 고종은 1882년 5월 체결한 조미수호통상조약 제1조 '거중조정(居中調停)' 조항에 따라 미국이 나서달라고 요청하는 친서를 작성한 뒤 헐버트를 비밀 특사로 임명해 전달을 맡겼다. 하지만 국제관계는 냉혹하기 짝이 없었다. 미국 정부는 철저히 무관심으로 일관했다. 1905년 11월 25일이 되어서야 국무장관을 만나 친서를 전달했지만 아무 소용이 없었다.

사실 미국과 일본은 이미 1905년 7월 29일 미국 전쟁부 장관 윌리엄 H. 태프트(William Howard Taft)와 일본 총리 가쓰라 다로(桂太郞)가 이른바 '태프트-가쓰라 밀약'을 체결한 상태였다. 미국은 일본이 한국을 차지하는 것을 묵인하고, 일본은 미국이 필리핀을 지배하는 것을 묵인한다는 내용이었다. 이런 이유로 미국은 을사늑약이 체결되자마자 주한미국공사관을 철수시켰던 것이다. 당시 서울에 있던 다른 나라 외교관들은 미국의 조치에 대해 "난파된 배에서 생쥐 빠지듯" 달아났다고 조롱했다. 자신의 조국이 한국과 맺은 조약을 어기는 밀약을 체결했다는 사실을 몰랐던 헐버트는 1905년 12월 12일 자 《뉴욕타임스》 기고문에서 "[시어도어] 루스벨트 대통령은 정식으로 조약을 맺은 친구의

1907년 헤이그에서 열린 만국평화회의.
출처: 헤이그시립박물관

나라 한국을 배신한 사람"이라며 미국의 조치를 명백한 '조약 위반'이라고 비판했다.

　1906년 초까지 외교권을 되찾으려는 외교적 노력이 실효를 거두지 못하자, 고종은 조약 무효를 선언하는 친서를 독일, 러시아, 미국, 벨기에, 영국, 오스트리아-헝가리, 이탈리아, 청나라, 프랑스 등 9개 수교국에 전달하려 했다. 또 이상설(李相卨, 1870~1917)을 정사(正使)로 삼아 만국평화회의(1907)에 대표단을 파견했다.

1906년 봄 오랫동안 미루어두었던 교과서 총서 발간과 영문 잡지 간행을 재개하기 위해 서울로 돌아온 헐버트는 고종에게 두 번째 요청을 받고 만국평화회의에 참가한 외국 정부에 고종의 친서를 전달하는 특사 임무를 맡았다. 그는 1907년 5월 시베리아 횡단 열차를 타고 가 유럽 주요 도시를 방문해 황제의 친서를 전달하고자 했다. 하지만 헐버트의 활동은 일본 정부에 고스란히 노출되고 있었다. 심지어 프랑스 외교관은 헐버트가 헤이그로 파견될 것 같다는 첩보를 일본 측에 전달하기도 했다.

1907년 헤이그 특사 사건이 빌미가 되어 헐버트는 미국으로 돌아갔고, 일제는 고종을 강제로 퇴위시켰다. 한국에 있던 재산을 정리하기 위해 1909년 8월 비밀리에 다시 서울에 온 그에게 고종은 세 번째 임무를 맡겼다. 독일계 덕화은행(德華銀行) 상하이지점에 예치된 고종의 내탕금을 안전한 은행으로 옮기는 일이었다. 하지만 일제가 이미 내탕금을 강탈하는 바람에 임무를 수행할 수 없었다고 한다. 일제는 눈엣가시였던 헐버트를 결국 미국으로 추방했고, 헐버트는 기회 있을 때마다 일제의 부당함과 한국 독립의 정당성을 주장했다.

개성 경천사지 십층석탑을 환수해낸
문화유산 지킴이

1907년 1월 일본 궁내대신 다나카 미쓰아키는 황태자 순종의 결혼식을 축하하는 일본 특사로 조선을 방문해 고종에게 당시 개성 인근 개풍군 부소산 기슭 경천사에 있던 석탑을 선물로 달라고 요구했다. 본인의 집 정원을 꾸밀 생각이었다. 고종이 역사적 유물로 백성의 재산이라며 거절하자 다나카는 총칼로 무장한 일본인들을 경천사로 보내 주민들과 군수를 위협하고 석탑을 140여 점으로 해체해 일본으로 무단 반출했다.

헐버트와 《대한매일신보》 발행인 어니스트 T. 베델은 개성을 직접 방문해 주민의 증언과 사진을 확보하는 등 취재한 뒤 신문 기고문과 논설을 통해 경천사탑 밀반출 사실을 고발했다. 헐버트는 일본 신문인 《저팬크로니클(The Japan Chronicle)》과 미국 일간지 《뉴욕포스트(New York Post)》, 그리고 만국평화회의가 진행되던 네덜란드 헤이그 현지의 《평화회의보(Courrier de la Conference)》 등을 통해 "개성 경천사지 십층석탑 사건은 일본이 조선의 문화를 파괴한 것"이라고 주장했다. 베델은 1907년 3월 《대한매일신보》와 영문판 《Korea Daily News》에 경천사탑 약탈 사실을 처음으로 폭로했다.

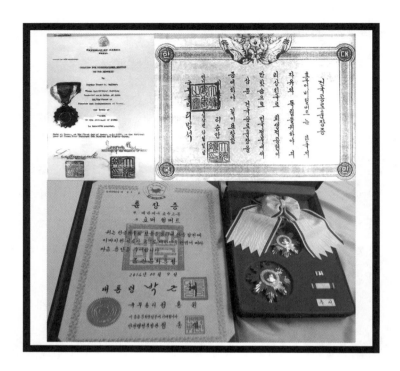

보도가 이어지자 다나카는 자신은 모르는 일이라며 고종의 선물이라고 변명했다. 파장이 확산되자 초대 조선총독 데라우

치 마사다케(寺内正毅)는 경천사탑을 제자리로 돌려놓으라고 다나카를 압박했다. 다나카의 개인 소유물이 아니라 국가 소유, 즉 조선총독부 소유라는 것이었다. 결국 다나카는 국내외 여론의 뭇매를 견디지 못하고 11년 전 약탈해 갔던 상태 그대로 1918년 반환할 수밖에 없었다. 그렇게 고국으로 돌아온 개성 경천사지 십층석탑은 현재 서울 용산구 국립중앙박물관 로비에 13.5미터(아파트 4층 높이)에 달하는 위엄을 자랑하며 서 있다.

86세 때인 1949년 헐버트는 이승만 대통령의 초청으로 한국을 다시 찾았다. 이때 그는 이러한 말을 남겼다.

"나는 일찍부터 소원했습니다. 나는 웨스트민스터사원보다 한국 땅에 묻히기를 원합니다."

한 달이 넘게 걸리는 긴 항해 끝에 1949년 7월 29일 인천 제물포항을 통해 한국에 들어온 86세 헐버트는 한국 땅에 입을 맞추었다. 하지만 건강이 급격히 악화되었다. 이승만 대통령은 8월 2일 국무회의를 하던 도중 헐버트가 위독하다는 소식을 듣자 회의를 중단하고 헐버트가 입원한 서울특별시 동대문구 청량리 위생병원(현 삼육서울병원)으로 달려가 헐버트의 손을 잡고 눈물을 흘렸다고 한다. 헐버트는 결국 8월 5일 숨을 거두었다. 그의 묘비에는 이렇게 쓰여 있다.

헐버트 박사의 묘. 양화진외국인선교사묘원.

출처: 저자

"나는 웨스트민스터성당보다도

한국 땅에 묻히기를 원하노라."

연보

- 1863년 미국 버몬트주 뉴헤이븐에서 출생
- 1884년 다트머스대학교 졸업. 유니언신학교 입학
- 1886년 7월 육영공원 교사로 조선 도착
- 1888년 9월 메이 B. 해나(May B. Hanna)와 결혼
- 1891년 12월 육영공원 계약 만료로 미국으로 귀국
- 1905년 고종 특사로 미국 루스벨트 대통령에게 고종 친서 전달 시도
- 1906년 6월 헤이그 만국평화회의 고종 특사 임명
- 1907년 7월 헤이그에서 이상설, 이준, 이위종 특사 지원. 일본의 박해로 미국으로 돌아가 스프링필드(Springfield)에 정착
- 1909년 8~11월 일시적 방한. 고종의 내탕금 인출에 관한 전권 수임
- 1949년 7월 29일 대한민국 국빈으로 초청되어 40년 만에 귀환. 8월 5일 청량리 위생병원에서 사망. 8월 11일 대한민국 정부 사회장 영결식 거행. 양화진외국인선교사묘원에 안장
- 1950년 건국공로훈장 태극장
- 2014년 금관문화훈장

16장

대한제국과
대한민국 훈장을 모두 받은
유일한 외국인

호러스 N. 알렌

의료 선교사로 조선에 와
갑신정변을 계기로 고종의 신임을 얻다

급진개화파가 1884년 12월 일으킨 갑신정변(甲申政變)은 조선이 망국으로 가는 과정에서 중요한 전환점이 되었다는 점에서 씁쓸한 사건이겠지만, 한편으로는 서양 문물이 조선으로 밀려들어오는 계기가 되었다는 점에서 역사의 아이러니를 느끼게 한다. 이조참의, 금위대장 등을 역임하며 민씨 세도가의 거두로 활동하던 민영익(閔泳翊)은 당시 갑신정변 세력에 공격당해 심각한 부상을 입은 채 조선해관 총세무사로 일하던 묄렌도르프(Paul G. von Möllendorff) 집으로 옮겨졌다. 얼굴과 목, 등, 팔꿈치까지 칼에 베여 죽기 직전인 민영익을 살리기 위해 미국인 의사를 급히 데려왔고, 이 의사는 서양 의학 지식을 총동원해 민영익을 치료하는 데 성공했다.

호러스 알렌과 훈공일등 태극대수장.
출처: 국사편찬위원회 한국사데이터베이스(연세대학교 의과대학 동은의학박물관)

　　명성황후가 아끼던 집안사람인 민영익을 살려낸 이 의사
가 바로 호러스 N. 알렌(Horace Newton Allen, 1858~1932)이었다. 알렌
은 이후 왕실의 후원을 받아 1885년 우리나라 최초의 근대식 의
료기관인 제중원(濟衆院)을 설립했다. 그리고 그렇게 맺은 신뢰
를 바탕으로 조선과 미국의 외교관으로 활동하며 21년간 근대
한미 양국의 외교사에서 중요한 역할을 했다. 이런 공로를 인정
받아 1904년에는 대한제국 훈공일등 태극대수장(勳功一等 太極大

綬章), 1950년에는 건국공로훈장 태극장(현 건국훈장 독립장)을 받았다. 알렌은 대한제국과 대한민국의 훈장을 모두 받은 유일한 외국인이다.

알렌은 1858년 미국 오하이오주 델라웨어(Delaware)에서 태어났다. 오하이오웨슬리언대학교(Ohio Wesleyan University)에서 신학을 전공하고, 마이애미의과대학(Miami Medical School)에 진학해 의사 면허를 취득했다. 의료 선교사로 활동하기 위한 준비 작업을 마친 알렌은 1883년 결혼한 아내 프랜시스 A. 메신저(Frances Ann Messenger, 1859~1948)와 함께 선교사로 부임하기 위해 중국으로 향했다. 하지만 알렌이 부임하기로 했던 곳에서 기존에 활동하던 선교사가 사임 의사를 번복해 알렌은 1년 이상 공식 부임을 못 하는 애매한 처지에 빠지게 되었다. 이런 상황에서 그는 상하이에 입항한 미국 해군 군의관을 통해 조선에서 활동하는 방안을 고민했고, 결국 선교 본부가 알렌의 요청을 받아들이면서 1884년 9월 가족과 함께 상하이를 떠나 조선에 도착했다. 이로써 알렌은 공식 절차를 거쳐 조선에 입국한 최초의 개신교 선교사가 되었다.

알렌이 조선 땅을 밟기 2년 전인 1882년 5월 조선과 미국은 공식적으로 조미수호통상조약을 체결했다. 미국은 이듬해인 1883년 2월 초대 공사로 루셔스. H. 푸트(Lucius Harwood Foote)

를 파견했다. 1884년 9월 23일 알렌을 처음 만난 푸트는 자신들을 치료해줄 의사가 있다는 것에 기뻐하면서도 선교사 신분이 위험할 수 있다고 판단해 알렌을 미국공사관 무급 의사로 임명했다. 그로부터 몇 달 뒤 갑신정변이 발발했고, 그 와중에 민영익을 죽음의 문턱에서 살려냈다. 이를 계기로 고종과 명성황후의 신임을 얻은 알렌은 1885년 1월 병원 설립을 조선 정부에 공식 제안했다. 이 제안은 바로 수용되어 그해 4월 광혜원(廣惠院)

이 개원했고, 12일 뒤 고종의 명에 따라 제중원으로 이름을 바꿔 의학 교육까지 실시하게 되었다.

갑신정변 이후 조선은 외교와 통상은 물론 국정 전반에 걸쳐 청나라의 간섭을 받게 되었다. 이런 상황에서 알렌은 고종에게 청의 속박으로부터 벗어나기 위해 미국에 상주 공관인 주미공사관을 개설할 것을 건의했다. 고종이 이를 받아들이면서 1887년 협판내무부사 박정양(朴定陽)을 주미전권공사로 임명했다. 주미공사 파견과 주미공사관 개설에 이르기까지 일련의 과정에 직접 관여한 알렌은 외교 업무를 주관하는 참찬관 자격으로 주미공사관에 파견되었다. 당시 공사관에는 박정양, 알렌, 이완용(李完用), 이상재(李商在), 이채연(李采淵) 등 11명이 근무했다.

하지만 조선의 주미공사가 청국공사관을 거치지 않고 미국 대통령에게 국서를 봉정하는 등 독자적으로 외교 관계를 추진하자 청나라의 압박이 심해지면서 박정양은 파견된 지 11개월 만에 조선으로 소환될 수밖에 없었다. 알렌 역시 1889년 6월 조선 외교관으로서 직책을 사임하고 조선으로 돌아왔다.

조선과 미국
두 나라의 외교관으로 활약하다

　　미국 워싱턴DC 아이오아 서클에 소재한 주미공사관에서 조선으로 돌아온 알렌은 1890년 7월 23일 주한미국공사관 서기관으로 임명되었다. 1884년부터 조선 왕실 어의, 조선 외교관으로 조선과 관계를 맺으며 조선 왕실로부터 가장 신임받고 조선 사정에 정통한 자국민이기 때문이었다. 이에 알렌은 선교사를 그만두고 1890년부터 본격적으로 미국 외교관으로서 활동을 벌여나갔다.

　　당시 청나라가 조선 내정에 간섭하는 것을 혐오했던 알렌은 조선이 청으로부터 독립해야 한다고 주장하는 일본을 지지했다. 이후 1895년 발생한 을미사변을 계기로 '반일 친러'로 선회하게 되었다. 이는 무엇보다 미국 외교관으로서 미국의 국익을 최우선으로 판단했기 때문이다. 당시 미국은 조선에 대해 '공평한' 외교 원칙을 표방하며 영토에 대한 야욕이 없다는 것을 강조했고, 고종은 이러한 미국의 힘을 빌려 위기에 대처하고자 했다. 알렌은 이러한 점을 잘 이용해 조선/대한제국의 전기, 전차, 경인 철도 부설권, 금광 개발권 등 수익성 높은 사업을 미국인이 대부분 차지하는 데 큰 역할을 했다.

주한미국공사관과 공사관 뜰에 서 있는 알렌 부부.
출처: 국사편찬위원회 한국사데이터베이스

　특히 아시아 최대 금광인 평안북도 운산금광(雲山金鑛) 채굴
권을 미국인 제임스 R. 모스(James. R. Morse)가 획득할 수 있도록
결정적인 도움을 주었다. 알렌이 10년간 조선 정부를 위해 헌신
했다며 그 답례로 운산금광 채굴권을 넘겨주라고 명성황후가
명령한 덕분이었다. 이러한 황후를 일본인이 살해하자 알렌은
그 진상을 세계에 알리고 고종의 신변을 보호하는 일에 적극적
으로 나섰다. 알렌은 청일전쟁(1894~1895) 이후 박정양, 이채연,
이상재, 이종하, 이계필 등 주미공사관에서 함께 근무했던 친미
(親美) 성향 인물들을 내각에 추천해 박정양을 총리대신으로 하

는 내각이 성립하도록 도왔다.

알렌은 1897년 주한미국대리공사 겸 총영사, 1901년 주한 미국전권공사가 되어 한국에서 미국을 대표하는 지위에 올랐다. 당시 미국은 한국 문제 '불개입'을 고수하는 무관심으로 일관했으나 알렌은 미국 정부와는 다른 입장을 가졌다. 알렌은 미국 정부의 친일 정책은 아시아 정세를 제대로 모르기 때문이라며, 미국의 경제적 이익을 위해서는 친러 정책으로 전환해야 한다고 미국 정부를 설득하기 위해 본국으로 향하는 배에 올랐다. 1903년 9월 당시 대통령 시어도어 루스벨트(Theodore Roosevelt)를 만나 러시아가 만주를 평정하고 막대한 자금을 들여 항구와 철도, 도로 등을 건설하는 상황에서 미국의 경제적 이익을 극대화하기 위해서는 친러 반일 정책을 취해야 한다고 주장했다. 반면 친일 정책을 취하면 일본이 미국을 믿고 러시아와 전쟁을 일으켜 조선을 합병할 것이며 아시아 지역에서 미국에 칼을 겨누는 상황에 이를 것이라고 경고했다. 하지만 미국 정부는 알렌의 의견을 받아들이지 않았다. 결국 알렌은 러일전쟁에서 일본이 승리하자 주한미국공사에서 해임되었다.

1905년 6월 미국으로 귀국한 알렌은 다시 의사로 생활하면서 집필에도 전념하며 여생을 보냈고, 1932년 12월 11일 오하이오주 톨레도에서 노환으로 세상을 떠났다.

2015년 제중원 설립 130주년을 맞아 연세대학교 의과대학은 알렌의 후손들로부터 대한제국 당시 고종 황제로부터 받은 훈공일등 태극대수장을 기증받았다. 국가유산청(당시 문화재청)은 "근대 우리나라와 미국 간의 외교사에서 중요한 역할을 한 알렌의 역사적 위상과 특정인에게 수여한 훈장의 희귀성 등은 문화재로서의 가치가 충분하다"라고 인정해 이 훈장을 등록문화재 제651호로 지정했다(2015. 10. 12).

연보

- 1858년 미국 오하이오주 델라웨어에서 출생
- 1884년 의료 선교사로 조선 입국
- 1885년 제중원(광혜원) 설립. 의사 겸 교수로 근무
- 1888~1889년 주미조선공사관 외교 참찬관 부임
- 1890년 주한국미국공사관 서기관 임명
- 1892년 영문 월간지 《코리안리포지터리》 발행 참여
- 1893년 미국 시카고 만국박람회 참석

- 1897년 7월 주한미국공사관 대리공사 겸 총영사 임명

- 1900년 영국왕립아시아학회 한국지부 설립 참여

- 1901년 주한미국공사관 전권공사 임명

- 1904년 대한제국 훈공일등 태극대수장

- 1905년 6월 미국으로 귀국

- 1908년 《한국의 풍물(Things Korean)》 출간

- 1932년 미국 오하이오주 톨레도에서 사망

- 1950년 건국공로훈장 태극장

17장

3·1독립선언서를 처음으로 미국에 알린 언론인

밸런타인 S. 매클래치

이방인의 인생을 바꿔버린
3·1운동

3·1독립선언서는 손병희를 비롯한 민족 대표 33인 명의로 일제로부터 우리 민족의 자주독립을 선언한 문서다. 일제는 온갖 수단을 동원해 독립선언서가 외국으로 유출되어 전파되는 것을 막으려 했다. 하지만 얼마 안 되어 영어 번역본이 미국 신문에 실리는 등 전 세계에 3·1운동의 실상이 알려졌다. 비폭력 평화 시위의 물결과 일제의 잔혹한 탄압 소식은 전 세계에 대한독립을 지지하는 흐름을 만들어냈다. 이런 면에서 본다면, 위험을 무릅쓰고 독립선언서 영문 번역본을 미국으로 가져가 세계에 알린 미국 언론인 밸런타인 S. 매클래치(Valentine Stuart Mc-Clatchy, 1857~1938)는 우리가 꼭 기억해야 할 특별한 이름이 아닐 수 없다.

　　하지만 어찌 된 일인지 매클래치는 지금껏 독립유공자 서훈
도 받지 못했을 뿐 아니라 그를 다룬 선행 연구 역시 독립기념관
선임연구위원을 지낸 김도형이 쓴 논문이 거의 유일할 정도로
독립운동사에서 홀대받고 있다. 이렇다보니 대다수 한국인은 매
클래치라는 이름조차 들어본 적 없는 것이 엄연한 현실이다.

　　매클래치는 1857년 미국 캘리포니아에서 태어났다. 그의
부친은 캘리포니아에서 활동했던 유명 언론인이자 《새크라멘

토비(The Sacramento Bee)》와 《데일리비(The Daily Bee)》 신문을 창간한 제임스 매클래치(James McClatchy, 1824~1883)였다. 매클래치는 《새크라멘토비》 발행인이자 AP(연합통신) 이사로서 언론계 유력 인사로 명성을 쌓아갔다.

1919년 그는 아내와 함께 원동 특별통신원 자격으로 극동 지역 정세를 취재하는 장기 여행에 나섰다. 1월 4일 샌프란시스코에서 초호화 여객선 덴요마루(天洋丸)에 올라 러시아 연해주, 중국 만주 지역을 거쳐 서울에 도착했다. 공교롭게도 매클래치 부부가 조선호텔에 여장을 풀었던 날은 대한제국 황제였던 고종의 인산일(因山日, 장례일)인 3월 3일이었다. 3·1운동의 기운이 한창 끓어오르는 시점에 서울에 도착한 우연이 매클래치의 인생은 물론 독립운동사의 향방에도 결정적인 영향을 미친 셈이다.

3·1운동은 곧바로 일제 헌병들의 강력한 폭력에 직면했다. 총과 칼로 무장한 헌병들이 잔혹한 진압과 검거에 나서면서 사망자와 부상자가 속출했다. 매클래치는 독립을 향한 뜨거운 열망에도 불구하고 철저히 비폭력 저항을 추구하는 한국인의 태도에 기독교인으로서 강렬한 인상을 받았다. 가령 그는 1919년 4월 6일 자 《샌프란시스코이그재미너(San Francisco Examiner)》 기사에 서울에서 본 한 벽보에 적힌 내용을 언급한다. "한국인으로서 고난을 당하는 마지막 사람이 남을 때까지 견디고, 폭력과

재산상의 피해를 주지 말아야만 한다. 그런 짓을 하는 사람은 나라의 역적이고, 그리고 가장 심각한 피해를 주는 자이다.”

매클래치는 서울에 도착한 3월 3일부터 부산으로 떠나는 3월 6일까지 나흘 동안 인력거를 타고 다니며 시위 현장을 취재하면서도 한국인의 피해를 염려해 직접적인 접촉을 하지 않았다. 그렇다면 본인이 직접 경험하지 못한 정보는 누구에게 어떻게 수집했을까. 당시 서울에 체류하고 있던 미국, 유럽 선교사들이나 외교관들로부터 다양한 정보를 얻었던 것으로 보인다. 특히 각국 외교관과 서양인 선교사, 사업가, 언론인 등으로 구성된 '서울클럽(Seoul Club)' 회원들과 접촉해 한국 독립운동 상황을 파악한 듯하다.

1919년 3월 6일 부산을 출발해 일본을 거쳐 3월 27일 하와이 호놀룰루에 도착한 매클래치는 28일 대한인국민회 하와이 지방총회 기관지《국민보(國民報)》의 승룡환 기자와 인터뷰를 했고, 그 내용이 3월 29일 자에 실렸다. "그때 서울클럽 회원들이 일인들에 난폭한 행동을 막고저 하야 일인의 캡틴들을 찾아다닐 때에 일인 순사들은 서울클럽 회원들을(백인, 한인) 다수히 잡아가는 것을 보았고, 또 당일 밤새도록 한인들은 울며 소리를 지르는 것을 들었으며, 그 익일에도 서울 안 각처에서 한인들과 일병과 충돌되었다는 벽보를 보았소이다."

미국으로 전달된
3·1독립선언서 영역본

　일제는 독립선언서가 외국으로 나가지 못하도록 갖은 애를 썼다. 가택 수색과 검문검색이 광범위하게 이루어졌다. 매클래치도 YMCA회관에서 독립선언서를 갖고 있다는 이유로 헌병에게 붙잡혀 검사당하는 광경을 직접 목격했다고 증언했다. 이런 상황에서 매클래치는 독립선언서를 어떻게 입수했고, 어떻게 일제의 감시를 피해 미국으로 가져갈 수 있었을까. 또 한국어를 전혀 모르는 매클래치를 위해 독립선언서를 영어로 번역해준 사람은 누구였을까.

　독립선언서가 외국으로 전파되는 과정을 추적한 논문을 발표한 김도형(전 독립기념관 수석연구위원)은 당시 서울클럽의 회원이면서 AP 한국 통신원으로 활동하고 있던 미국인 사업가 앨버트 W. 테일러의 존재에 주목했다. 그의 부인 메리 L. 테일러는 자서전 《호박 목걸이(Chain of Amber)》에서, 1919년 2월 27일 출산을 앞두고 세브란스병원에 입원했는데, 28일 새벽에 진통이 시작되어 아들을 낳고 의식이 희미하게 돌아왔을 때 간호사들이 종이 뭉치를 들고 들어와 자신의 침대 이불 밑에 집어넣는 모습을 보았다고 썼다. 저녁에 병원에 온 남편이 침대 속에 감춰져 있던 종이 뭉치가 독립선언서인 것을 알고, 집사로 일하던 '김 주사'(본명 김상언)의 도움을 받아 영어로 번역했고, 이 영문 번역본이 매클래치에게 전해진 것으로 보인다고 김도형은 추론했다.

매클래치는 자신이 3·1독립선언서를 미국으로 가져온 과정을 《새크라멘토비》 1919년 8월 1일 자에 논설로 발표했고, 논설들을 모은 《아시아의 독일: 일본의 극동 정책, 미국의 "평화적 침투", 미국의 상업과 국익에 미치는 영향(The Germany of Asia: Japan's Policy in the Far East, Her "Peaceful Penetration" of the United States, How American Commercial and National Interests Are Affected)》이라는 팸플릿에 수록해 소개했다.

"한국 독립 'manifesto' 혹은 'declaration'의 사본을 3월 6일 돈 넣는 혁대(money belt)에 넣어 서울에서 가져왔다. 이것이 전 세계에 알려진 모든 사본의 아버지(daddy)다. 그리고 나머지는 현재 워싱턴DC에 있는 대한민국임시정부 대통령 이승만 박사의 문서고에 있다. 이 문서의 사본이 도쿄와 호놀룰루에서 신문과 신문사 특파원들을 위해 만들어졌고, 여러 언론을 위해 샌프란시스코에서 미국 전역에 전송되었고, 여러 지역에 흩어져 있는 한인 사회를 위해 사본들이 제공되었다."(김도형, 〈3·1독립선언서 국외 전파자 V. S. 맥클래치〉, 501쪽)

매클래치는 미국으로 돌아온 뒤 《새크라멘토비》 1919년 4

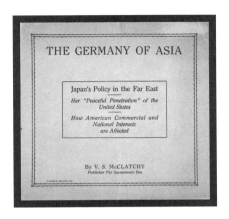

《아시아의 독일》속표지.

출처: 캘리포니아대학교 도서관

월 3일 자에 영문 번역본 독립선언서 전문을 게재했다. 매클래치
는 독립선언서에 대해 "한국 독립선언서는 온건하며, 위엄이 있
으며, 우아한 문체로 쓰여 있고, [일본을] 비난하는 데만 편중하지
않고, 한국인 자신들의 고난을 책망하고 있을 뿐이다. 그러나 한
국인들은 강제적이고 불공정하게 박탈당한 민족적 권리를 되찾
을 것을 주장했다. 다른 어떤 방법보다도 일본이 한국의 독립을
회복시키는 것이 세계의 신뢰를 얻고 극동에서 영원한 평화를
보장하는 방향이라고 제시하고 있다"라고 높이 평가했다.

또한 《새크라멘토비》 4월 5일 자 논설에서는 3·1운동을 이렇게 평가했다. "서구 세계에는 창세기 이래로 한국인의 독립 시위의 의미와 관련된 진정한 사실들을 알지 못한다. 3월 1일의 기념행사는 아마도 지금까지 전 세계에 알려지지 않은 하나의 이상을 실현하기 위한 전국적인 자기통제와 조직화된 수동적 저항의 가장 아름다운 사례일 것이다."

독립선언서와 3·1운동의 정신은 AP를 통해 전 세계로 퍼져나갔다. 대한인국민회가 창간해 샌프란시스코에서 발행하던 《신한민보(新韓民報)》는 1919년 4월 5일 자 기사에서 "연합통신에서 대한국민의 독립선언문을 공식으로 받아 세계에 광포한 고로 전국 안에 있는 모든 신문들은 대서특필로 이 선언문을 다 기재하였는데, 이는 연합통신사원 맥클래취가 동양으로부터 가져온 큰 소식이더라"라고 보도했다.

매클래치의 3·1운동과 독립선언서 평가

매클래치는 3·1운동 관련 기사와 논설을 묶어 《아시아의 독일》이라는 책을 펴내는 등 다양한 언론·저술 활동, 재미한인들과의 교류를 이어가며 한국의 독립이 정당함을 알려나갔다. 매클래치를 비롯한 여러 사람의 노력 덕분에 미국에서는 3·1운동의 취지와 한국 독립 문제가 공론화되기 시작했다.

1919년 12월 15일 미국 하원 외교위원회에서 한국 문제 청문회가 개최된 것이 대표적이다. 당시 개인 사정으로 청문회 증인으로 참석하지 못했던 매클래치는 하원 외교위원 윌리엄 E. 메이슨(William Ernest Mason)에게 보낸 편지에서 자신이 《새크라멘토비》에 실은 〈세계사에서 이상을 위해 조직화된 수동적 저항의 가장 위대한 사례〉라는 논설을 청문회에서 낭독해달라고 부탁했다. 그는 대한민국임시정부 구미위원부 위원장으로 활동했던 김규식에게 편지를 보내 이 사실을 알리기도 했다. 매클래치의 활동에 고무된 이승만이 매클래치와 편지를 주고받는 등 독립운동가들과 매클래치의 교류는 계속 이어졌다.

매클래치는 1938년 5월 15일 81세로 사망했다. 《국민보》는 1938년 5월 18일 자에 〈친한파 인사 맥클래취 씨 별세〉라는 제목으로 기사를 싣고 그를 "좋은 친구"로 표현하며 고인을 애도했다. "기미년 운동에 한국 독립운동 때에 한국을 일부러 심방하고, 한국 독립선언서를 손수 가지고 와서 영문 번역으로 세계에 먼저 반포한 미국 신문계의 원동 통신 대가 새크라멘토 비신문의 주인 맥클래취 씨는 5월 16일에 별세하였다더라."

모든 빛나는 역사에도 그림자가 있고, 모든 어두운 역사에도 미래를 위해 배울 것이 있다. 역사에 이름을 남긴 인물 개개인도 다르지 않다. 매클래치가 한국의 독립을 지지하고 일본의 잔악한 탄압을 규탄한 것은 분명 뜻깊은 활동이었지만 그 배경 역시 정확하게 인식할 필요가 있다고 김도형은 지적했다. 그는 필자와 인터뷰에서 "매클래치가 한국 독립운동을 지지하고 일본을 비판한 배경에는 그가 캘리포니아합동이민위원회(California Joint Immigration Committee, CJIC) 집행위원으로 활동하는 등 일본인 배척 운동의 선두 주자였다는 사실도 자리 잡고 있다"라면서 "매클래치는 일본인들이 출생률이 높아서 미국 사회에 위협이 된다며 일본인 이민을 반대하는 활동을 하기도 했다"라고 지적했다. 그는 "매클래치와 한국 독립운동가들은 궁극적으로 반일이라는 동일한 목적을 지향했기 때문에 양자는 서로를 필요로 했다"라고 덧붙였다.

연보

- 1857년 미국 캘리포니아에서 출생

- 1877년 샌타클래라대학교 졸업

- 1883~1923년 동생 찰스 K. 매클래치(Charles K. McClatchy)와 새크라멘토 비 신문사(현 매클래치 컴퍼니) 공동 소유

- 1915년 초 일본인 이민자들 위협에 관한 글 발표

- 1919년 3월 3일 서울 도착, 취재 활동. 3월 6일 부산 도착, 일본으로 출발. 3월 17일 요코하마에서 신요마루(春洋丸) 승선. 3월 27일 하와이 호놀룰루항 도착. 3월 28일 하와이 출발. 4월 2일 샌프란시스코 도착. 4월 3일 《새크라멘토비》 북미 지역 최초로 독립선언서 영역본 전문 게재. 4월 6일 《새크라멘토비》 《샌프란시스코이그재미너》 동일한 3·1운동에 대한 기사 작성. 8월 《아시아의 독일》 출간

- 1925년 캘리포니아합동이민위원회 서기

- 1938년 심장질환으로 사망

18장

3·1운동
34번째 민족 대표

프랭크 W. 스코필드

세브란스의전 교장 에이비슨의 편지가
스코필드를 한국으로 이끌다

수원역에서 경기도 화성시 향남읍(당시 수원군 향남면) 제암리
까지는 21킬로미터 거리다. 인터넷으로 검색해보면 자전거로 1
시간 30분가량 걸린다고 나온다. 100여 년 전에는 포장도로가
아닌 돌멩이가 곳곳에 삐죽삐죽 튀어나오고 비가 오기라도 하
면 진흙탕이 되는 시골길이었다. 게다가 3·1운동 여파가 이어지
던 1919년 4월에는 일본 군경이 서슬 퍼렇게 감시하던 때였다.
이런 길을 땀을 뻘뻘 흘리며 자전거를 타고 가는 사람은 당시
사람들 눈에 얼마나 괴상하게 보였을까 싶다. 더구나 소아마비
로 한쪽 다리를 제대로 못 써서 한쪽 발로만 페달을 밟는 외국
인이라니. 이 외국인은 일본군이 마을 사람들을 교회에 몰아넣
고 불을 질러 모조리 죽였다는 소식을 듣고 현장을 직접 확인하

한국어 선생이자 통역사인 목원홍과 스코필드.
출처: 미상

기 위해 위험을 무릅쓰고 제암리로 향하는 길이었다.

프랭크 W. 스코필드(Frank William Schofield, 1889~1970)가 자전거를 둘러메고 경부선 열차를 탄 다음 수원역에서 제암리까지 자전거로 왕복하는 고통스러운 노력을 아끼지 않은 덕분에, 그리고 그가 현장에서 "분노로 부들부들 손을 떨면서" 찍은 사진과 글을 세계 각지에 알린 덕분에 3·1운동은 세계 시민들에게 강렬한 울림을 주었고, 일제 역시 탄압을 조금이라도 누그러뜨릴 수밖에 없었다. 그렇게 제암리 사건은 역사의 한 장면으로 남았다.

1989년 3월 15일 영국 워릭셔(Warwickshire)주 럭비(Rugby)시에서 태어난 스코필드는 태어나자마자 산욕열로 어머니를 잃고 아버지와 계모 슬하에서 자랐다. 영국에서 고등학교까지 마친 그는 어려운 가정 형편 등으로 진학을 못 해 농장 노동자로 일하는 등 힘든 청소년기를 보냈다. 1907년 일과 학업, 자유를 찾아 캐나다 토론토로 이주해 농장에서 일하며 학비를 모아 토론토대학교 온타리오수의과대학(Ontario Veterinary College)에 입학해 세균학을 전공했다. 졸업한 이듬해인 1911년 세균학 박사 학위를 취득한 후 1914년부터 모교에서 세균학을 강의했다.

그렇게 순탄한 인생을 사는 듯했던 스코필드는 1916년 세브란스연합의학전문학교 교장으로 일하던 토론토 출신 올리버 R. 에이비슨(Oliver R. Avison, 1860~1959; 올리버 알 애비슨)으로부터 한 통의 편지를 받는다. 에이비슨은 "한국과 같은 외딴 나라에서 굳은 의지와 정열로 교육 활동을 할 수 있는 사람이 필요하다"라며 그에게 세브란스의전에 와서 세균학을 가르쳐달라고 했다. 더구나 "선교 사업을 같이 하고 있어 기독교 정신이 투철한 사람이 꼭 필요하다"라며 "조건에 가장 적합한 사람으로 스코필드

강의하는 스코필드와 세브란스의학전문학교 전경.
출처: 미상

박사를 여러 사람으로부터 소개받았다"라는 말도 덧붙였다.

스코필드를 아끼는 주위 사람들은 한국은 생활 여건이 열악하고, 스코필드가 소아마비 때문에 신체가 불편하다는 점을 들어 말렸다고 한다. 하지만 그는 어렵고 힘든 상태에 있는 한국을 도와달라는 에이비슨의 제안을 하나님의 뜻으로 생각하고 한국행을 결심했다. 1916년 캐나다장로회 선교사로서 부인과 함께 캐나다를 떠나 한국에 오면서 스코필드는 한국과 평생에 걸친 인연을 맺게 된다. 서울에 도착한 스코필드는 세브란스의전에서 세균학과 위생학 강의를 시작했다. '석호필(石虎弼)'이라는 한국식 이름도 지었다. 스코필드와 비슷한 발음으로 '돌 석'은 굳은 의지를, '범 호'는 호랑이처럼 무서운 사람임을 보여주고, '도울 필'은 영어의 'pill(알약)'과 발음이 같아서 좋아했다고 한다.

스코필드는 1919년 3·1운동 당시 민족 대표 33인에 빗대 "34번째 민족 대표"라는 별칭으로 불린다. 3·1운동을 일으킨다는 사실을 먼저 통보받고 협력을 요청받은 유일한 외국인이었기 때문이다. 그해 2월 28일 민족 대표 33인 중 한 사람으로 세브란스에서 사무원으로 근무하던 이갑성(李甲成, 1886~1981)이 스코필드를 찾아왔다. 그는 스코필드에게 하루 뒤 만세 시위가 있을 것이라고 알려주면서 독립선언서를 영어로 번역해 미국 백악관에 보내달라고 부탁했다. 3월 1일에는 파고다공원에 와서 사진을 찍어달라고 요청했다. 이에 스코필드는 시위 현장에 가서 여러 사진을 찍었다.

현재까지 남아 있는 3·1운동 초기 사진들은 모두 스코필드가 찍은 것이다. 사진 촬영에 집중하다 일본인이 사는 가정집 2층까지 올라가 사진을 찍다가 도둑으로 몰려 쫓겨나기도 했다. 스코필드는 틈만 나면 서울 거리로 나갔다. 경찰에 잡혀가는 학생을 빼내 오는가 하면, 조선총독부 고위 관리의 명함을 보여주며 그들과 친분이 있음을 과시해 여러 사람을 구해내기도 했다. 또 서대문형무소를 찾아가 수감되어 있던 세브란스병원 간호사 노순경(盧順敬, 1902~1979)과 유관순(柳寬順, 1902~1920), 어윤희(魚允姬, 1880~1961) 등을 만나 위로했다.

세브란스의전 교수로
3·1운동을 세계에 알리다

3·1운동을 진압하는 데 열을 올리던 일제는 경기도 화성 수촌리와 제암리에서 살육과 방화를 자행했다. 1919년 4월 6일 일본군 1개 소대가 수촌리를 포위하고 마을 전체를 불태웠다. 4월 15일에는 일본군 20사단 79연대가 제암리로 몰려가 15세 이상 남자를 예배당에 모은 뒤 총을 쏘고 불을 질렀다. 부녀자 2명을 포함해 23명이 목숨을 잃었다. 이웃한 고주리에서도 천도교인 6명을 학살했다.

방화 학살 후 파괴된 제암리.

출처: 독립기념관

외국 신문에 보도된 제암리 학살 사건.

출처: 독립기념관

스코필드는 이 소식을 들은 다음 날인 4월 18일 불편한 몸으로 현장을 조사했다. 제암리 예배당에서 시신 23구를 수습해 묻어주고, 수촌리도 방문해 부상자를 돌봤다. 스코필드는 현장 조사를 바탕으로 〈제암리의 대학살(The Massacre of Chai-Amm-Ni)〉이라는 보고서를 작성했다. 이 보고서는 중국 상하이에서 발행되던 영자 신문 《상하이가제트(The Shanghai Gazette)》 1919년 5월 27일 자에 서울 주재 익명의 특별통신원이 쓴 것으로 실렸다. 〈수촌 만행 보고서(Report of the Su-chon Atrocities)〉는 미국에서 발행되던 장로교 기관지 《프레스비테리언위트니스(Presbyterian Witness)》 1919년 7월 26일 자에 게재되었다. 스코필드가 찍은 사진은 대한민국임시정부 기관지 《독립신문》은 물론 미국 국무장관에게 제출된 보고서에도 첨부되었다. 또 1919년 8월에 한국 선교사 대표로 일본으로 가 '극동 지구 파견 기독교 선교사 전체 회의'에 참석해 선교사 약 800여 명이 모인 자리에서 3·1운동의 진상과 일제의 만행을 외국인 선교사들에게 널리 알렸다. 이런 활동을 통해 3·1운동의 정신과 일제의 잔혹한 탄압은 세계 시민의 마음을 움직였다.

스코필드의 행동은 일제에는 말 그대로 눈엣가시나 다름없었다. 일제는 세브란스의전에 스코필드의 행동을 중단시키라고 요구하고 그를 귀국시키라고 압박했다. 세브란스의전 교장 에

이비슨은 적당히 얼버무리며 넘어가곤 했지만 결국 스코필드의 안전을 걱정하지 않을 수 없었다. 그런 속에서도 스코필드는 1920년 3월에 4년 계약 기간이 종료되면 캐나다로 돌아갈 것에 대비해 한국에서 자신이 보고 들은 것을 기록하고, 촬영한 사진을 정리하기 시작했다. 특히 출판을 위해《끌 수 없는 불꽃(An Unquenchable Fire)》이라는 제목으로 3·1운동의 실상을 알리는 원고를 마무리했다. 스코필드는 1920년 7월 쫓겨나다시피 출국해 8월 캐나다에 도착한다. 그는 캐나다에 돌아간 뒤에도 기회 있을 때마다 강연이나 기고를 통해 한국의 상황을 알리고 일제를 비판하며 관심과 애정을 숨기지 않았다.

광복 후 다시 한국을 찾아 봉사하고 쓴소리도 아끼지 않다

스코필드는 1954년 토론토대학교 온타리오수의과대학에서 66세로 은퇴했으며, 1957년에는 부인 엘리스가 사망했다. 여러 개인 사정으로 한국을 방문하지 못하던 스코필드는 1958년 광복 13주년 기념일 및 정부 수립 10주년 경축 행사에 국빈으로 초청받았다. 서울대학교 수의과대학에서 그를 수의병리학 교수

로 초빙하면서 다시 서울에 정착했다.

　스코필드는 여전히 불의를 그냥 보고 넘어가지 않았다. 그는 《조선일보》 1959년 1월 3일 자에 실린 기고문에서 "민심은 공포에 잠겨 있다. 의사당 앞에 무장 경관이라니"라며 정부를 비판했다. 이 글에서 "그래도 1919년에는 이런 글을 쓰기가 어려웠다기보다 위험하였다. 그러면서도 그런 글을 우리는 썼다. 그런 글의 덕분에 우리가 자유를 얻었다고 나는 믿는다"라는 맺

음말로 정부를 꼬집었다. 이런 그의 활동에 정부 당국자들은 한때 그의 대학 강의를 중단시키고 심지어 숙소에서 나가라는 명령까지 내렸다. 4·19가 아니었다면 스코필드가 어떤 수모를 당했을지 모를 일이었다.

대한민국 정부는 3·1운동과 경기도 화성 제암리, 수촌리의 일제 학살을 세계에 알린 공로로 스코필드에게 1968년 3월 1일 건국훈장 독립장을 수여했다. 스코필드는 1969년 초부터 해외여행 중 심장성 천식이 발작해 몇 차례 병원에 입원하다 국립중앙의료원에서 1970년 4월 12일 81세로 세상을 떠났다. 그의 장례는 4월 16일 광복회 주최 사회장으로 거행되었고 유해는 동작동 국립묘지(현 국립서울현충원) 독립유공자 묘역에 안장되었다. 스코필드의 묘비에는 "캐나다인으로 우리 겨레의 자주독립을 위하여 생애를 바치신 거룩한 스코필드 박사 여기에 고요히 잠드시다"라고 새겨져 있다.

1970년 3월 1일 자 《조선일보》에 실린 〈한국민에게 보내는 메시지〉에서 스코필드는 이렇게 말했다. "'1919년 당시의 젊은이와 늙은이들에게 진 커다란 빚을 잊지 마시오.' 이 몇 마디는 내가 오늘의 조선 청년들에게 주고 싶은 말이다. 국민은 불의에 항거해야만 하고 목숨을 버려야만 할 때가 있다. 그럼으로써 일종의 노예 상태에서 해방되고 조금은 광명을 되찾을 수 있는 것이다."

연보

- 1889년 영국 워릭셔주 럭비시에서 출생

- 1907년 캐나다 이민, 토론토대학교 온타리오수의과대학 입학

- 1910년 온타리오수의과대학 수석 졸업

- 1911년 온타리오수의과대학에서 세균학 박사 학위 취득

- 1913년 9월 앨리스 스코필드와 결혼

- 1914년 온타리오수의과대학에서 세균학 강의

- 1916년 세브란스연합의학전문학교 교장 올리버 R. 에이비슨의 한국행 제안 수락, 세브란스의전에서 강의

- 1919년 3·1운동 참여와 사진 촬영. 일제의 제암리와 수촌리 학살 만행 세계에 알림

- 1920년 7월 캐나다로 귀국. 해외에서 3·1운동과 한국 소개 활동 전개

- 1954년 토론토대학교 온타리오수의과대학에서 은퇴

- 1958년 대한민국 정부로부터 국빈 초청. 한국에서 교육 활동

- 1968년 건국훈장 독립장

- 1970년 국립중앙의료원에서 사망. 동작동 국립묘지 독립유공자 묘역 96호 안장

19장

딜쿠샤에 남은
한국 사랑의 흔적들

앨버트 W. 테일러

2대에 걸쳐
한국과 이어온 인연

경복궁 광화문을 바라보고 왼쪽으로 가다보면 사직단이 나오고, 사직단에서 좀 더 가면 독립문이 보인다. 조선 시대에 한양에서 황해도와 평안도로 가려면 이 길을 지나 무악재를 넘고 파주와 개성을 거치곤 했다. 사직단과 독립문 중간쯤 가다가 오른쪽 골목으로 들어서면 수백 년은 됨 직한 커다란 은행나무가 보이고 그 맞은편에 영국 드라마에서나 볼 법한 유럽풍 이층집을 만나게 된다. 정확한 주소는 서울시 종로구 사직로2길 17(행촌동), 대지 462제곱미터에 세워진 지하 1층, 지상 2층 서양식 건물이다.

이 집은 오랫동안 방치되어 있다가 최근 들어서야 누가 지었고 누가 살았는지 정체가 드러났다. 위험을 무릅쓰고 3·1운

앨버트 테일러와 메리 테일러 부부.
출처: 서울역사박물관

동을 세계에 알리는 데 힘썼지만 여태껏 독립유공자 서훈은 물
론이고 이름조차 제대로 아는 사람이 없었던 앨버트 W. 테일러
(Albert Wilder "Bruce" Taylor, 1875~1948), 그리고 테일러 부부가 수십 년
동안 살았던 '딜쿠샤(Dilkusha)'였다.

테일러는 사실 아버지 조지 A. 테일러(George Alexander Taylor,
1829~1908)와 함께 2대에 걸쳐 한국과 깊은 인연을 맺었던 사람
이다. 조지 테일러는 1896년 조선으로 건너와 평안북도 운산(雲

山)에서 금광을 경영했다. 제대로 된 기반 시설도 없는 상태에서 사업을 시작하다보니 초기에는 고생이 이만저만이 아니었다. 앨버트 테일러는 아버지를 돕기 위해 1897년부터 운산금광에서 7년간 감독관으로 일했다. 1905년경에는 아버지로부터 독립해 충청남도 천안 인근의 직산금광을 매입해 운영했다. 광산 사업으로 큰돈을 번 그는 금광 채굴에 필요한 기계를 구입하러 일본에 출장을 갔다가 아시아 각지를 순회공연 하던 영국 출신 연극배우 아가씨와 사랑에 빠졌다. 1917년 인도 뭄바이에 있는 성토마스성당에서 결혼식을 올리고, 아내 메리 L. 테일러(Mary Lin-ley Taylor, 1889~1982)와 함께 서울살이를 시작했다.

메리 테일러는 1942년 일제에 강제로 추방당한 뒤 미국 캘리포니아 해변에서 노년을 보냈다. 그곳에서 회고록을 썼지만 출판하지 못한 채 1982년 93세를 일기로 세상을 떠났다. 메리 테일러의 아들 브루스 T. 테일러(Bruce Tickell Taylor, 1919~2015)는 이 유고를 정리해 《호박 목걸이》라는 제목으로 1992년 출간했다. 이 책과 테일러가 장모에게 보낸 편지(1919. 3. 7) 등을 종합해보면 3·1운동 당시 있었던 극적인 어떤 일, 우리 독립운동사의 중대한 한 사건이 어떻게 벌어졌는지 상황을 파악할 수 있다.

3·1운동과 3·1독립선언서를
최초로 세계에 전파하다

　　1919년 2월 26일 메리 테일러는 양수가 터져 27일 세브란스병원에 입원한다. 다음 날인 28일 금요일 새벽 3시에 진통을 시작해 오전 11시 20분에 아들을 출산했다. 남편은 그날 'AP 미국 특별통신원'으로 임명되어 고종의 장례식을 취재하는 일을 맡게 되었다. 《호박 목걸이》에 따르면 테일러는 도쿄에서 온 사람을 조선호텔에서 만났는데, 그가 고종 장례식 기사를 쓸 특별통신원을 찾는다는 말에 그 자리에서 지원서를 작성해 통신원으로 임명되었다.

　　3월 1일 그녀는 세브란스병원에서 아들을 낳고 어렴풋이 의식이 돌아왔을 때, 간호사들이 '종이 뭉치'를 그녀의 침대 이불 밑에 집어넣는 모습을 보았다. 바깥 거리는 온통 소란스러웠으며 간간이 비명 소리와 총성이 들리고 "만세, 만세"를 외치는 커다란 함성이 계속 반복되었다. 세브란스병원 수간호사는 이렇게 설명했다. "한국 사람들이 인쇄기를 우리 병원의 시트 보관하는 장 속에 숨겨두었던 모양이에요. 일본 경찰이 병원에 들이닥쳐서 건물 안을 다 수색했답니다. 그들은 인쇄기를 발견하고 한국인 직원 몇 명을 체포했지만 인쇄된 종이는 찾아내지 못했어요."(메리 테일러,《호박 목걸이》, 226쪽) 간호사들이 급하게 메리 테일러 침대 속에 숨겨둔 '종이 뭉치'는 어둑어둑해질 무렵 세브란스병원 병실을 찾아온 남편이 갓 태어난 아기를 안아보려다가 발견했다. 그는 이 종이 뭉치가 독립선언서인 걸 알고는 뛸 듯이 흥분했다.

테일러는 3·1독립선언서를 확인한 뒤 신속하게 3·1운동과 독립선언서를 해외에 알리기 시작했다.《호박 목걸이》에서는 "바로 그날 밤, 시동생 빌이 독립선언문 사본과 그에 관해 브루스가 쓴 기사를 구두 뒤축에 감춘 채 서울을 떠나 도쿄로 갔다. 금지령이 떨어지기 전에 그것을 전신으로 미국에 보내기 위해서였다"(메리 테일러,《호박 목걸이》, 227쪽)라고 했다. 이런 노력 덕분에 1919년 3월 13일 자《뉴욕타임스》에는 〈한국인들이 독립을 선언하다: 시위에 참가한 수천 명이 일본에 체포되었다(KOREANS DECLARE FOR INDEPENDENCE: Thousands Who Engage in Demonstration Are Arrested by the Japanese)〉라는 기사가 실리게 되었다. 3·1운동과 독립선언서가 최초로 세계에 전파된 역사적 순간이었다.

독립선언서가 해외로 전파되는 과정을 추적한 김도형(전 독립기념관 수석연구위원)은 '김 주사'를 영어로 번역한 주인공으로 추정했다. 김 주사는 본명이 김상언(金商彦)으로 1897년부터 1903년까지 미국에서 국비 유학을 했으며 주미대한제국공사관에서

KOREANS DECLARE
FOR INDEPENDENCE

Thousands Who Engage in Dem-
onstration Are Arrested
by the Japanese.

Copyright, 1919, by The New York Times Company.
Special Cable to THE NEW YORK TIMES.
PEKING, March 12.—Information has
reached here that the Korean inde-
pendence demonstrations were more
general than has been officially ad-
mitted. Japanese of all classes in every
part of the country came within the
scope of the movement.

3·1운동을 알린《뉴욕타임스》기사.

출처:《뉴욕타임스》, 1919년 3월 13일

견습으로 근무했다. 1906년 의정부 주사, 1907년 내각 서기랑, 1908년 내각 주사 등을 지냈다. 그는 30년가량 테일러 가족의 집안일과 테일러 상회(W. W. TAYLOR & COMPANY) 일을 하며 미국, 영국으로부터 각종 물품 수입과 조선의 고미술품·공예품 수출 사업을 도왔으며, 테일러 부부가 당시 한국의 상황과 문화, 풍습 등을 이해하는 데도 큰 역할을 했다. 1942년 테일러 부부가 미국으로 추방당한 후 일제에 고문을 받고 그 후유증으로 사망했으며, 그의 집에서는 태극기가 발견되었다고 한다.

제암리 학살을
국제 사회에 알리다

테일러는 고종의 국장을 취재하며 많은 사진을 남겼다. 고종 국장 행렬보다는 이를 바라보는 한국인의 모습을 많이 담고 있어 당시 고조되던 독립운동의 분위기를 전하려는 시각을 드러냈다. "마지막 황제가 선조들의 품으로 돌아가는 모습을 지켜보며 침묵하고 있던 사람들의 마음은 증오와 절망감으로 가득 차 있었다. 3·1운동이 실패로 끝나고 수천 명이 목숨을 잃어서가 아니라 후계자도 남기지 못한 황제의 죽음과 더불어 자유에 대한 마지막 희망이 사라져버렸기 때문이었다."

고종 국장 취재 이후에도 앨버트 테일러는 3·1운동 관련 후속 보도를 이어갔다. 4월 15일 경기도 화성시 향남읍(당시 수원군 향남면)에서 발생한 제암리 교회 학살 사건을 취재해 보도한 것이 중요했다. 그는 학살 사건 다음 날인 4월 16일 미국 영사 레이먼드 S. 커티스(Raymond S. Curtis), 선교사 호러스 H. 언더우드(Horace Horton Underwood)와 함께 현장을 찾아 취재했다. 그가 쓴 기

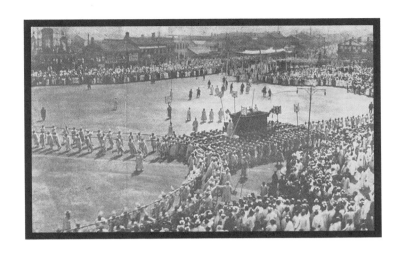

사는 실명을 밝히진 않은 채《뉴욕타임스》1919년 4월 24일 자에 〈일본군이 한국인을 학살했다고 전한다(SAY JAPANESE TROOPS MASSACRED KOREANS: Governor General Investigating Report That Christians Were Slain and Church Burned)〉라는 제목으로 게재되었고, 일본에서 발간되던 영자 신문《저팬애드버타이저(The Japan Advertiser)》에도 보도되었다. 손병희 등 독립투사 재판 관련 소식을 전한《동아일보》1920년 7월 13일 자 기사에 "신문기자석에 처음으로 서

제암리 학살 현장을 취재하는 앨버트 테일러.
출처: 독립기념관

양 사람 한 명이 들어왔다. 이 사람은 재판의 광경을 제일 먼저 세계에 소개할 미국 연합통신사의 통신원 테일러 씨더라"라는 대목이 등장하는 것에서 알 수 있듯 테일러는 꾸준히 3·1운동에 관심을 기울였다.

　　테일러는 스코필드, 언더우드와 함께 조선총독부를 항의 방문한 적도 있었다. 《호박 목걸이》에는 당시 상황을 이렇게 소개했다(메리 테일러, 《호박 목걸이》, 230~231쪽).

오전 중에 브루스는 일본인 총독 하세가와 요시미치를 만나러 그의 관저로 찾아갔다.

"총독께서는 지금 무슨 일이 벌어지고 있는지 아십니까?" 브루스가 물었다.

"모릅니다." 총독이 대답했다.

브루스는 탁자 위에 자기가 찍은 사진들을 펼쳐 놓았다.

"이제는 아시겠지요." 브루스가 무뚝뚝하게 말했다.

"총독께서 학살을 중단하라고 명령했으며, 벌어진 사태에 대해 유감을 표했다고 제가 보도해도 되겠습니까?"

"그러시오." 총독은 마지못해 대답했다.

다음 날 신문의 헤드라인은 "하세가와 유감 표명"이었다. 그리고 대학살은 중단되었다.

1941년 일본이 태평양전쟁을 일으켜 미국과 적대 관계가 되면서 테일러 부부는 적국 국민이라는 이유로 가택 연금을 당했다. 테일러는 서대문형무소에 반년가량 수감당했는데, 집(딜쿠샤)에서 서대문형무소가 보였기 때문에 메리 테일러는 남편의 모습을 보기 위해 서대문형무소를 하염없이 바라보곤 했다고 한다.

1942년 5월 조선총독부의 외국인 추방령에 따라 테일러 부부는 미국으로 추방되었다. 광복 직후 미국 국무부와 미군정에 자신의 경력과 한국어 능력을 강조하는 편지까지 보내는 등 다시 한국에 들어오기 위해 노력했던 테일러는 73세인 1948년 6월 갑작스러운 심장마비로 생을 마감했다. 그는 사랑하는 한국 땅에 자신을 묻어달라는 유언을 남겼다. 이에 부인 메리 테일러는 1948년 9월 남편의 유해를 인천을 통해 한국으로 옮겨왔다. 언더우드 가족과 성공회 성당 헌트 신부, 여동생 우나, 시동생 윌리엄 등의 도움으로 메리 테일러는 앨버트 테일러의 유해를 양화진외국인선교사묘원에 안치했다.

다시 살아난 역사의 현장, 딜쿠샤

2005년 어느 날 샌프란시스코에 있는 대한민국 총영사관에 이메일 한 통이 도착했다. 이메일을 보낸 노인은 자기 아버지가 한국의 독립운동을 도왔는데, 영화로 제작해줄 제작자를 찾는다고 했다. 노인은 유년 시절 서울에서 살았던 집을 찾고 싶다는 이야기도 했다. 그가 앨버트 테일러의 아들인 브루스 T. 테일러였다. 브루스가 가지고 있는 정보는 단지 일제강점기 지명과

옛날 사진, 임진왜란 때 한 장군이 심었다는 큰 은행나무가 있었고 서대문형무소가 보였다는 몇 가지 단서뿐이었다. 이메일과 이 단서가 결국 테일러와 딜쿠샤를 밝혀내는 열쇠가 되었다. 2006년 2월 브루스 테일러는 KBS의 3·1절 기념 특집 다큐멘터리 〈수요기획: 아버지의 나라〉 제작을 돕기 위해 서울을 방문하면서 이곳이 자신이 어린 시절 부모님과 살던 곳임을 확인했다.

결혼 초기에 테일러 부부는 '서대문 근처의 작은 회색 집'에서 살았다. 이들은 어느 날 한양 도성을 따라 산책하다가 큰 은행나무가 있는 공터를 발견했다. 메리 테일러는 "옛 성벽을 따라 내려가다가 키가 30미터나 되어 보이는 거대한 나무 옆을 지나가게 되었다. 나로서는 한 번도 본 적 없는 신기한 나무였다"(메리 테일러, 《호박 목걸이》, 154쪽)라고 회상했다. 은행나무가 너무나 마음에 들었던 그녀는 "나는 남편에게 '우리 나무'라고 부를 거예요. 정말로 이 나무를 갖고 싶어요. 게다가 여기는 집을 짓기에 딱 좋은 곳이네요"(메리 테일러, 《호박 목걸이》, 154~155쪽)라고 말했고, 우여곡절 끝에 그곳 땅을 구입해 집을 짓게 되었다. 딜쿠샤는 원래 메리 테일러가 인도 러크나우(Lucknow)를 방문했을 때 폐허가 된 딜쿠샤 궁전을 보고는 언젠가 집이 생기면 이 이름을 붙여야겠다고 마음먹은 데서 유래했다(메리 테일러, 《호박 목걸이》, 102쪽). 딜쿠샤는 산스크리트어로 '기쁜 마음의 궁전'이라는 뜻이다.

테일러 부부는 지하 1층, 지상 2층의 붉은 벽돌집을 짓고 정초석에 "DILKUSHA 1923 PSALM CXXVII·I"이라고 새겼다. 테일러의 아들 브루스가 유년 시절 살았던 집을 찾기 전에는 이것이 무엇을 의미하는지 아는 사람이 없었다. 《대한매일신보》의 창립자 중 한사람인 어니스트 T. 베델의 집이나 《대한매일신보》의 사옥으로 추측했다고 한다. 이 문구는 사실 〈시편〉 127편 1절 "여호와께서 집을 세우지 아니하시면 세우는 자의 수고가 헛되며 여호와께서 성을 지키지 아니하시면 파수꾼의 깨어 있음이 헛되도다"를 가리키는 것으로, 기독교인이었던 테일러가 하나님 덕분에 집이 잘 완공되어 감사하는 의미를 담고 있다.

국가유산청에 따르면 딜쿠샤는 H자형 평면의 지하 1층, 지상 2층 건물이다. 2층 가운데 있는 응접실에서는 남산이 한눈에 보이고 화창한 날에는 한강까지 보인다고 한다. 딜쿠샤는 1923년 준공했지만 1926년 낙뢰에 맞아 불에 타서 1930년 재건했다. 테일러 부부는 이곳에서 1942년 일제에 추방될 때까지 거주했다. 1959년에 자유당 의원 조경규가 딜쿠샤를 매입했으나 1963년 그의 재산이 국가로 넘어가면서 딜쿠샤도 국가 소유가 되었다. 그 이후로 딜쿠샤는 오랜 기간 방치되어 본래의 모습을 잃게 되었다.

딜쿠샤의 유래가 드러난 뒤 국가유산청(당시 문화재청)은 딜쿠샤를 2017년 8월에 국가등록문화재(현 국가등록문화유산) '서울 앨버트 테일러 가옥(딜쿠샤)'으로 지정했다. 서울시는 딜쿠샤에 거주하던 주민들과 협의해 2018년 7월 이주를 완료했고, 이후 2018년 11월부터 복원 공사를 시작해 2020년 12월 완료했다. 2021년 3월 전시실로 개관해 일반인에게 개방하고 있다.

연보

- 1875년 미국 네바다주 실버시에서 출생

- 1896년 조선 입국

- 1905년 아버지로부터 독립. 직산금광 매입 운영

- 1917년 인도 뭄바이에서 메리 L. 테일러와 결혼

- 1919년 2월 28일 AP 통신원 임명, 세브란스병원에서 아들 브루스 테일러 출생. 3월 1일 3·1독립선언서 확인. 3월 3일 고종 국장 취재. 4월 16일 제암리 학살 사건 현장 취재

- 1923년 딜쿠샤 건축

- 1942년 테일러 부부 일제에 의해 미국으로 추방

- 1948년 미국 캘리포니아주에서 심장마비로 사망. 양화진외국인선 교사묘원에 안장

- 2017년 딜쿠샤 건축물 국가등록문화재(제687호) 지정

- 2021년 딜쿠샤 복원 후 전시실로 개관

나가며

우리 국민에게 잊힌
외국인 독립운동가

부끄러운 고백부터 해야겠다. 이 책을 쓰기 전까지만 해도 외국인 독립운동가에 대해 아무것도 몰랐다. 관심이 없었다는 표현이 더 정확하겠다. 공직으로 옮기기 전 《서울신문》에서 오랫동안 기자로 일했지만 《서울신문》의 뿌리인 《대한매일신보》를 창간한 어니스트 베델에 대해서도 제대로 알지 못했다. 2024년 여름에 《서울신문》 강국진 선배와 점심을 먹었다. 밥을 먹으며 강 선배가 흘러가듯 헝가리 독립운동가 '마자르' 얘기를 해주었다. 우리나라 독립을 위해 헌신했지만 정작 우리나라 사람들에게는 잊힌 외국인 독립운동가들이 많다고 말했다. 매클래치, 장보링, 이소가야 스에지 등 낯선 이름들을 그때 처음 들어봤다. 큰 충격을 받았다. 자신의 나라도 아닌 다른 나라의 독립을 위해 기꺼이 목숨을 걸고 나서다니…. 나 자신의 무식과 무관심이 낯뜨거웠다. 타인보다는 나, 이타보다는 이기가 판치는 사리사욕의 이전투구 장을 헤집고 다니며 취재하고, 그러면서 잊어서는 안 되는 중요한 뭔가를 잊고 살아왔다는 깨달음이 몰아쳤다. 이 책 집필에 동참하게 된 계기다.

나만 무심했을까? 주변을 둘러봤다. 외국인 독립운동가들의 존재를 모르는 이들이 부지기수였다. 아니 나처럼 관심 자체가 없었다. 대한민국도 정부도 '나 몰라라' 하기는 오십보백보였다. 언론 보도를 찾아보니 외국인 독립유공자들을 기리는 합동 추모식은 1995년 광복 50년 만에 처음 열렸다. 내용도 형식도 빈약했고 언론 역시 무관심했다. 초라하게 치러진 이 행사조차 그 뒤로는 열리지 않았다. 당시 보훈처장이 "우리나라가 일제에 국권을 빼앗기고 민족적 수난과 시련을 겪고 있을 때 우리나라의 자주독립을 적극 도와주신 외국인 독립유공자들에 대해 광복 50년 만에 추도식을 올리게 돼 부끄러운 마음 금할 길 없다"라고 했는데, 추모식 이후 더 부끄러운 행태가 지금까지 이어지고 있는 셈이다. 그렇게 외국인 독립운동가들은 역사에서 소외

되고, 우리 국민에게 잊히고 있었다.

대한민국을 깨우는
죽비 소리

2025년은 광복 80주년이다. 80주년을 맞아 이제는 달라져야 한다는 생각을 해본다. 광복 후에는 가난에서 벗어나기 위해, 먹고사는 데 바빠서 잊고 지냈다고 변명이라도 할 수 있다. 1995년 첫 합동 추모식 이후 외환 위기가 덮쳐 그들의 추모를 '잠시' 잊었다고 항변할 수도 있다. 하지만 지금은 그런 쌍팔년도식 변명이 통하지 않는다. 세계 10대 경제 대국에 오르내리고, 국민소득이 3만 달러를 넘어섰다. 이제는 우리 사회가 나서 국격을 바로 세워야 하지 않을까.

100여 년 전 동방의 작은 나라, 한국민을 위해 자유와 정의라는 인류 보편적 가치와 인류애를 실천한 외국인 독립운동가들을 우리 의식 속에 되살려야 한다. 그들이 있어 지금의 대한민국이 있다는 사실을 되새기고, '숨은 영웅'들을 지속적으로 발굴하고 그 후손들의 삶을 살펴야 한다. 조국보다 더 한국을 사랑하며 한국 독립에 온몸을 던진 푸른 눈의 이방인, 고국 사람들에게 배신자 낙인이 찍히면서도 한국인 편에 서서 일제의 폭거에 맞서 싸운 일본인, 대한민국임시정부의 독립운동을 적극 지원한 중국인을 오롯이 되살려내 기억해야 한다.

우리 정부는 1950년 3·1절을 맞아 주미한국대사관에서 처음으로 외국인 독립유공자를 포상했다. 호머 헐버트, 어니스트 베델, 존 스태거스, 허버트 밀러, 호러스 알렌, 일라이 모우리, 프레더릭 해리스, 모리스 윌리엄, 폴 더글러스, 프레드 돌프, 제이 윌리엄스, 찰스 러셀 등 미국인 10명과 영국인 2명에게 건국공로훈장 태극장을 수여했다. 이후 지금까지 독립운동 공로를 인정받아 포상을 받은 외국인은 76명이다. 독립운동을 연구한 학자들이나 독립기념관 등에 따르면 서훈을 받기에 충분한 외국인은 그보다 수십 배, 수백 배는 더 많을 것이라고 한다.

그들의 뜻과 정신을 잊지 않기 위해 '외국인 독립운동가 둘레길'을 조성하면 어떨까 하는 생각을 해본다. 세계 각지에 흩어져 있는 외국인 독립운동가들의 생가나 그들이 성장했던 지역을 하나로 연결해 둘러보는 역사 기행 길을 만드는 것도 좋겠다. 국가 차원에서 세계 각국의 정부는 물론 지자체와 협의해 이들의 생가를 복원하거나 기념관을 짓고, '한국인보다 더 한국을 사랑한 대한외국인'(가칭) 간판을 세웠으면 한다. 국내 지자체마다 해외 도시와 자매결연을 맺고 교류를 활성화하는데, 이 외국인 독립운동가들 출생지와 자매결연을 맺고 문화와 역사 교류를 해도 좋을 것 같다. 이를 토대로 궁극적으로는 미국, 캐나다, 영국, 프랑스, 아일랜드, 호주, 중국, 일본 등을 잇는 '대한외국인 실크로드'를 조성해 우리 국민이 그들을 추억하는 역사 기행 길에 올랐으면 한다.

외국인 독립운동가 기념관도 건립하면 어떨까 생각해본다. 광복 80주년을 맞았지만 우리가 가장 힘들었을 때 우리의 독립과 자유를 위해 목숨 걸고 싸운 외국인 독립운동가들의 기념관조차 없다. 최근 언론에 '제2독립기념관' 건립 소식이 전해졌는데 이 기념관에 외국인 독립운동가들의 뜻과 정신을 기리는 공간을 만들었으면 한다. 초중고교 교과서에도 외국인 독립운동가들에 대한 별도 꼭지를 만들고 그들에 대한 교육이 이루어졌으면 한다. 유관순, 김구, 안중근, 윤봉길, 안창호…. 내가 초등학생 때부터 익히 들었던 독립운동가들은 한국인이었다.《대한매일신보》도 베델보다는 장지연의 〈시일야방성대곡〉이 먼저 떠오른다. 학창 시절 주관식 시험 대비를 위해 달달 외웠던 기억이 성인이 되어서도 힘을 발휘하고 있는 것 같다. 초중고 교육을 통해 우리나라 독립운동가들 못지않게 마자르, 매클래치, 테일러, 소다 가이치, 이숙진, 가네코 후미코 등 이방인들의 이름과 공로도 떠올랐으면 한다.

"동심육력(同心戮力) 공제시간(共濟時艱)." 《조선왕조실록》 중 《숙종실록》에 실려 있는 내용으로 "마음을 같이하고 힘을 합해 시대의 어려움을 함께 건너간다"라는 뜻이다. 외국인 독립운동 가들이 우리의 독립을 위해 헌신한 마음이라 할 수 있다. 자유, 정의, 인류애, 동심공제(同心共濟)…. 나 같은 사람들에게 이 책이 '죽비 소리'가 되었으면 한다.

김승훈

참고문헌

1장 | 가명으로만 남은 헝가리인 의열단원 : 마자르

계봉우, 《꿈속의 꿈》, 강남대학교출판부, 2009.

김희곤, 《이육사, 시인이기 전에 독립투사》, 푸른역사, 2024.

님 웨일즈·김산, 《아리랑》, 동녘, 1983/2005(원저 《Song of Ariran》, New York: John Day, 1941).

박태원, 《약산과 의열단》, 깊은샘, 2000/2015(초판 1947).

빅터 세베스티엔, 박수철 옮김, 《부다페스트, 화려한 영광과 찬란한 시련의 헝가리 역사》, 까치, 2024.

양지선, 〈헝가리인 마쟈르의 한국독립운동 지원과 그 의의〉, 《동양학》 77, 2019.

임경석, 《독립운동 열전 1: 잊힌 사건을 찾아서》, 푸른역사, 2022.

2장 | 임시정부 돕다 서대문형무소에 갇힌 아일랜드인 : 조지 L. 쇼

김도형, 〈한국독립운동을 도운 유럽인 연구〉, 《한국학논총》 37, 2012.

님 웨일즈·김산, 《아리랑》, 동녘, 1983/2005(원저 《Song of Ariran》, New York: John Day, 1941).

박태원, 《약산과 의열단》, 깊은샘, 2000/2015(초판 1947).

한국역사연구회 엮음, 《한국인의 벗, 외국인 독립유공자》, 국가보훈처, 2019.

한철호, 〈1920년대 전반 조지 엘 쇼(George L. Shaw)의 한국독립운동 지원활동
과 그 의의〉, 《한국독립운동사연구》 43, 2012.

한철호, 〈1930년대 일제의 조지 엘 쇼(George L. Shaw) 탄압·축출공작과 그 성
격〉, 《한국민족운동사연구》 69, 2011.

한철호, 〈조지 엘 쇼(George L. Shaw)의 한국독립운동 지원활동과 그 의의: 체포
·석방 과정을 중심으로〉, 《한국근현대사연구》 38, 2006.

〈영국인 독립유공자 후손, '독립유공자 집' 명패 받는다〉, 연합뉴스, 2019. 5. 2.

3장 | 일제강점기 유일한 일본인 비전향장기수 : 이소가야 스에지

다카사키 소지, 이규수 옮김, 《식민지 조선의 일본인들: 군인에서 상인, 그리
고 게이샤까지》, 역사비평사, 2006.

미즈노 나오키, 조은진 옮김, 〈1930년대 전반 재조일본인(在朝日本人)의 사회
운동과 그 역사적 의미〉, 《인문논총》 77(2), 2020.

변은진, 〈재조일본인 노동자 이소가야 스에지(礒谷季次)의 체험을 통해 본
8·15와 귀환의 기억〉, 《아세아연구》 60(2), 2017.

변은진, 〈자유와 평화를 꿈꾼 이소가야 스에지(礒谷季次)〉, 《내일을 여는 역
사》 78호, 2020.

변은진, 《자유와 평화를 꿈꾼 '한반도인' 이소가야 스에지》, 아연출판부,
2018.

양지혜, 〈'식민자 사상범'과 조선: 이소가야 스에지 다시 읽기〉, 《역사비평》
110, 2015.

양지혜, 〈일제시기 일본질소비료주식회사의 산업공해문제와 '식민성'〉, 《역사
문제연구》 36, 2016.

磯谷季次, 《わが青春の朝鮮》, 影書房, 1984(이소가야 스에지, 김계일 옮김, 《우리 청춘의 조선》, 사계절, 1988).

磯谷季次, 〈死者は語り得ずとも—50年ぶりのソウルで感じたこと〉, 《世界》 565, 1992. 3.

4장 | 사상범으로 투옥된 일제 최고 엘리트 : 미야케 시카노스케

김경일, 〈지배와 연대의 사이에서: 재조일본인 지식인 미야케 시카노스케(三宅鹿之助)〉, 《사회와역사》 105, 2015.

김경일, 《근대를 살다: 한국 근대의 인물과 사상》, 성균관대학교출판부, 2024.

다카사키 소지, 이규수 옮김, 《식민지 조선의 일본인들: 군인에서 상인, 그리고 게이샤까지》, 역사비평사, 2006.

미즈노 나오키, 〈1930년대 전반 재조일본인(在朝日本人)의 사회운동과 그 역사적 의미〉, 《인문논총》 77(2), 2020.

유선영, 《식민지 트라우마: 한국 사회 집단 불안의 기원을 찾아서》, 푸른역사, 2017.

이형식, 〈재조 일본인 연구의 현황과 과제〉, 《일본학》 37, 2013.

전명혁, 〈1930년대 초 코민테른과 미야케(三宅鹿之助)의 정세 인식〉, 《역사연구》 16, 2006.

정연태, 《식민지 민족차별의 일상사》, 푸른역사, 2021.

磯谷季次, 《わが青春の朝鮮》, 影書房, 1984(이소가야 스에지, 김계일 옮김, 《우리 청춘의 조선》, 사계절, 1988).

5장 | 중국인 리수전으로 태어나 한국인으로 죽다 : 이숙진

신창현, 《내가 모신 海公 申翼熙先生》, 해공신익희선생기념회, 1989.

양우조·최선화, 《제시의 일기》, 혜윰, 1998/우리나비, 2019.

여주박물관, 《광복군 창설의 주역 청사 조성환 고향 여주로 오다》, 2021 여주박물관 기증유물 특별기획전, 2021.

이계형, 〈대한민국 임시정부에서 부부의 인연을 맺어 독립운동에 헌신하다〉, 《독립신문》 4권, 대한민국임시정부기념관, 2023.

정정화, 《녹두꽃》, 미완, 1987; 《장강일기》, 학민사, 1998.

한국역사연구회 엮음, 《한국인의 벗, 외국인 독립유공자》, 국가보훈처, 2019.

황선익, 〈조성환을 통해 보는 대한민국 임시정부 요인의 家族事와 葬儀〉, 《한국학논총》 54, 2020.

황선익, 〈조성환의 국외 독립운동: 중국 관내 지역 활동을 중심으로〉, 《한국학논총》 60, 2023.

6장 | 국경을 넘은 사랑, 국경에 막힌 가족 : 두쥔훼이

김형목, 〈한중 국제연대의 중요성을 온몸으로 실천한 김성숙과 두쥔훼이〉, 《월간 독립기념관》, 2021년 7월호.

님 웨일즈·김산, 《아리랑》, 동녘, 1983/2005(원저 《Song of Ariran》, New York: John Day, 1941).

문미라, 〈중국인 독립유공자의 한국 독립운동 지원 사례 분석: 황쥐에(黃覺), 두쥔훼이(杜君慧), 쓰투더(司徒德)를 중심으로〉, 《인문논총》 77(2), 2020.

운암김성숙선생기념사업회(kimsungsuk.or.kr).

한국역사연구회 엮음, 《한국인의 벗, 외국인 독립유공자》, 국가보훈처, 2019.

7장 | 민족 차별 뛰어넘은 제자 사랑과 한일 연대 꿈 : 죠코 요네타로

가와무라 미사키(河村みさき), 〈재조일본인 죠코 요네타로(上甲米太郎)의 교육
　　활동과 조선인식〉, 한국외대 한국학과 석사 학위 논문, 2018.

다카사키 소지(高崎宗司), 《식민지 조선의 일본인들: 군인에서 상인, 그리고 게
　　이샤까지》, 역사비평사, 2006.

박창건, 〈재조일본인 죠코 요네타로(上甲米太郎)의 반제국주의 한일연대론〉,
　　《일본문화학보》 84, 2020.

오타 치에미(太田千惠美), 〈在朝日本人 교사 죠코 요네타로(上甲米太郎)의 생애
　　와 활동〉, 고려대 한국사학과 석사 학위 논문, 2015.

이준식, 〈재조(在朝) 일본인교사　죠코(上甲米太郎)의　반제국주의　교육노동
　　운동〉, 《한국민족운동사연구》 49, 2006.

이형식, 〈재조일본인 연구의 현황과 과제〉, 《일본학》 37, 2013.

上甲まち子·李俊植·辻弘範·樋口雄一, 《上甲米太郎: 植民地·朝鮮の子ども
　　たちと生きた教師》, 大月書店, 2010.

8장 | 항일 연대 실천했던 중국 교육 선구자 : 장보링

님 웨일즈·김산, 《아리랑》, 동녘, 1983/2005(원저 《Song of Ariran》, New York:
　　John Day, 1941).

손재현, 〈1920년대 天津 南開大學의 학생생활과 애국운동〉, 《중국사연구》
　　120, 2019.

양지선, 〈張伯苓의 천진지역 한국독립운동 지원활동〉, 《한국근현대사연구》
　　67, 2013.

양지선, 〈1930년대 중국 천진지역 한인들의 교육실태와 전시동원체제〉, 《동
　　양학》 57, 2014.

이명화, 〈안창호: 대공주의를 지향한 민족통합지도자〉, 《한국사 시민강좌》 47, 2010.

전현준, 〈진정한 한중연대의 표본인 남개대학교 설립자 장보어링〉, 오마이뉴 스, 2018. 9. 27.

9장 | 조선인 고아들의 일본인 아버지, 자식들 곁에 묻히다 : 소다 가이치

김보림, 〈한국 고아의 아버지, 소다 가이치의 삶과 그 역사적 평가 분석〉, 《전 북사학》 58, 2020.

김형민, 〈조선인 고아들의 일본인 아버지〉, 《시사IN》 624호, 2019.

〈그 後의 曾田翁〉, 《조선일보》, 1961. 8. 4.

〈내 뼈를 韓國 땅에〉, 《조선일보》, 1961. 3. 17.

〈사랑과 奉仕의 한 平生 曾田翁〉, 《경향신문》, 1962. 3. 29.

〈생명 구해준 은인의 나라… 한국 고아들의 아버지 되다〉, 《국민일보》, 2018. 7. 27.

〈榮光스런 冥福의 길〉, 《동아일보》, 1962. 3. 29.

〈日本의 暴政에 義憤 느껴 平生을 韓國社會事業에〉, 《조선일보》, 1961. 5. 10.

〈'전쟁 범죄 참회' 촉구한 '일본의 양심' 소다 가이치〉, 연합뉴스, 2020. 11. 9.

〈曾田翁 葬禮式 엄수〉, 《경향신문》, 1962. 4. 2.

〈韓國에 바친 平生 "孤兒의 아버지" 曾田翁 28日 別世〉, 《조선일보》, 1962. 3. 28.

〈曽田老, 韓国へ出發〉, 《朝日新聞》, 1961. 5. 6.

〈日韓親善とは別, '戰前' 唯一の味方として〉, 《朝日新聞》, 1961. 5. 9.

〈ソウルの名譽市民に〉, 《朝日新聞》, 1961. 5. 9.

〈なつく孤兒に囲まれ: 惠まれた余生を楽しむ〉, 《朝日新聞》, 1961. 6. 26.

〈曽田老(韓國孤兒の父), 死ぬ〉, 《朝日新聞》, 1962. 3. 28.

10장 | 2대에 걸쳐 한국 독립운동 지원한 목사 : 조지 A. 피치

김주성, 〈미국 선교사 Fitch 一家의 한국독립운동 지원활동〉,《한국독립운동
　　사연구》57집, 2017.

한국역사연구회,《한국인의 벗, 외국인 독립유공자》, 국가보훈처, 2019.

11장 | 독립유공자가 된 두 일본인의 특별한 이야기 : 가네코 후미코, 후세 다쓰지

다테노 이키라 편저, 오정환·이정환 옮김,《그때 그 일본인들》, 한길사, 2006.

박현주, 〈나는 나, 가네코 후미코〉,《우리교육》여름호, 2019.

이규수, 〈일본인 변호사 후세 다쯔지(布施辰治)와 조선〉,《내일을 여는 역사》
　　78호, 2020.

한국역사연구회,《한국인의 벗, 외국인 독립유공자》, 국가보훈처, 2019.

12장 | 세상을 향해 대한독립을 외친 언론인들 : 베델, 매켄지, 스토리

F. A. 매켄지, 신복룡 옮김,《대한제국의 비극》, 정문당, 1999.

F. A. 매켄지, 신복룡 옮김,《한국의 독립운동》, 집문당, 1999.

국사편찬위원회,《유럽 한인의 역사(하)》, 재외동포사총서 17, 2013.

류지영, 〈한국 독립에 목숨 바친 베델 "《대한매일신보》영원히 살아남아야"〉,
　　《서울신문》, 2018. 7. 18.

류지영, 〈고종을 러시아로 피신시켜라… 100년 전 '조선판 007' 美 소설〉,《서
　　울신문》, 2018. 8. 15.

류지영, 〈양기탁 구속·의연금 횡령 의혹에 화병 난 베델 '하늘나라로'〉,《서울
　　신문》, 2018. 9. 14.

정진석,《나는 죽을지라도 신보는 영생케 하여 한국동포를 구하라》, 기파랑,

2013.

한국역사연구회,《한국인의 벗, 외국인 독립유공자》, 국가보훈처, 2019.

13장 | 한국 독립 위해 100만 인 서명운동 주창한 프랑스 정치인 : 루이 마랭
한국역사연구회,《한국인의 벗, 외국인 독립유공자》, 국가보훈처, 2019.

14장 | 한국 독립유공자가 된 중국 현대사 큰 별들 : 쑨원, 장제스, 쑹메이링, 쑨커
국사편찬위원회,《대한민국임시정부자료집》22, 2008.
국사편찬위원회,《대한민국임시정부자료집》44, 2011.
한국역사연구회,《한국인의 벗, 외국인 독립유공자》, 국가보훈처, 2019.

15장 | 고종의 밀사로 세계를 누빈 푸른 눈의 한글학자 : 호머 B. 헐버트
김기석,〈헐버트: 대한제국의 마지막 밀사〉,《한국사 시민강좌》34, 2004.
도면회,〈한국 독립운동과 외국인 독립유공자〉,《인문논총》77(2), 2020.
이민원,〈광무황제와 헤이그특사: 고종의 헤이그특사 파견 논리와 구상을 중심으로〉,《한국독립운동사연구》29, 2007.
최보영,〈育英公院 교사 헐버트의 독립운동과 '學員'의 사회진출〉,《역사민속학》52, 2017.

16장 | 대한제국과 대한민국 훈장을 모두 받은 유일한 외국인 : 호러스 N. 알렌
도면회,〈한국 독립운동과 외국인 독립유공자〉,《인문논총》77(2), 2020.
손정숙,〈주한 미국공사 알렌(H. N. Allen)의 외교활동(1897-1905)〉,《이화사학연구》31, 2004.

이민식, 〈석거 이채연(1861~1900)〉,《근대한미관계사》, 백산자료원, 2001.

이민식,《근대사의 한 장면 콜럼비아 세계박람회와 한국》, 백산자료원, 2006.

이영미, 〈을사조약 후 고종의 대미교섭 시도에 대한 알렌(Horace N. Allen)의 인식과 대응:《알렌문서》발굴 자료를 중심으로〉,《한국근현대사연구》82, 2017.

이영미, 〈선교사에서 외교관으로: 알렌(Horace N. Allen, 1858~1932)의 삶과 한국〉,《역사민속학》58, 2020.

장영숙, 〈러일개전의 길과 알렌의 외교적 변신〉,《한일관계사연구》74, 2021.

조찬래, 〈구한말에 알렌의 역할에 관한 연구〉,《대한정치학회보》13(3), 2006.

한종수, 〈駐美 朝鮮公使館 개설과 '자주외교' 상징물 연구: 공문서 및 사진자료 분석을 중심으로〉,《역사민속학》44, 2014.

17장 | 3·1독립선언서를 미국에 최초로 알린 언론인 : 밸런타인 S. 매클래치

김도형, 〈3·1독립선언서 영역본의 국외 전파 연구〉,《국학연구》40, 2019.

김도형, 〈3·1독립선언서 국외 전파자 V. S. 매클래치〉,《원불교사상과 종교문화》90, 2021.

메리 린리 테일러, 송영달 옮김,《호박 목걸이: 딜쿠샤 안주인 메리 테일러의 서울살이 1917~1948》, 책과함께, 2014.

18장 | 3·1운동 34번째 민족 대표 : 프랭크 W. 스코필드

김도형, 〈3·1독립선언서 영역본의 국외 전파 연구〉,《국학연구》40, 2019.

김승태·유진·이항 엮음,《강한 자에는 호랑이처럼 약한 자에는 비둘기처럼》, 서울대학교출판문화원, 2012.

김승태, 〈3·1운동 시기 세브란스 외국인 선교사들의 대응: 스코필드와 에비슨을 중심으로〉,《연세의사학》22-1, 2019.

김형민, 〈현충원에, 망월동에 묻힌 푸른 눈의 목격자들〉,《시사IN》518호, 2017. 8. 24.

이장락,《민족대표 34인 석호필》, 바람출판사, 2007.

정운찬, 〈프랭크 윌리엄 스코필드 교수: 몸과 마음으로 한국을 사랑한 서양인〉,《연세의사학》19-1, 2016.

19장 | 딜쿠샤에 남은 한국 사랑의 흔적들 : 앨버트 W. 테일러

김도형, 〈3·1독립선언서 영역본의 국외 전파 연구〉,《국학연구》40, 2019.

김도형, 〈3·1독립선언서 국외 전파자 V. S. 매클래치〉,《원불교사상과 종교문화》90, 2021.

메리 린리 테일러, 송영달 옮김,《호박 목걸이: 딜쿠샤 안주인 메리 테일러의 서울살이 1917~1948》, 책과함께, 2014.

서울역사박물관,《딜쿠샤와 호박목걸이》, 2018.

서울역사박물관,《세 이방인의 서울 回想》, 2009.

〈독립선언을 세계에 알린 앨버트 W. 테일러〉, 코리아넷뉴스, 2009. 3. 20.